Gail Bussi

Kreuzstich
Borten, Bilder, Miniaturen

Nach Zählvorlagen leicht gestickt

Augustus Verlag

Die Deutsche Bibliothek – CIP-Einheitsaufnahme
Kreuzstich – Borten, Bilder, Miniaturen : nach Zählvorlagen leicht gestickt / Gail Bussi. [Übers.: Hubert Roth]. – Augsburg : Augustus-Verl., 1996
ISBN 3-8043-0392-7

Die englische Originalausgabe erschien bei Merehurst Limited, London, unter dem Titel:
Borders & Motifs in Cross Stich
und
Alphabets in Cross Stich (Autorin: Jane Alford; S. 28–35)

Übersetzung aus dem Englischen: Hubert Roth, Augsburg
Fotografie: Marie-Louise Avery
Grafiken: John Hutchinson
Lektorat der deutschen Ausgabe: Helene Weinold-Leipold
Umschlaggestaltung: Christa Manner, München
Layout: Maggie Aldred

Augustus Verlag Augsburg 1996

Satz: satz-studio, Bäumenhein
Reproduktion: Fotographics Limited, UK-Hong Kong
Druck und Bindung: Himmer, Augsburg
Gedruckt auf 120 g umweltfreundlich elementar chlorfrei gebleichtem Papier.
Printed in Germany
ISBN 3-8043-0392-7

INHALT

Einleitung

Der Kreuzstich nach Zählvorlage ist sicherlich eine der vielseitigsten und kreativsten Formen der Handarbeit – daher seine enorme Beliebtheit, die in den letzten Jahren stetig zugenommen hat. Sein Reiz beruht auch darauf, daß selbst der Neuling mit ein paar einfachen Stichen und Techniken in der Lage ist, eine riesige Palette reizender Motive herzustellen.
Kreuzstich-Bordüren und -Einzelmotive gehören zu den ganz traditionellen Gestaltungselementen bei dieser Art der Stickerei, wie man aus den Stickmustertüchern vergangener Jahrhunderte mit ihren hübschen stilisierten Motiven und fortlaufenden Bordüren ersehen kann.
Ich habe mich bemüht, in diesem Buch eine möglichst große Auswahl von Stilrichtungen und Typen von Bordüren und Motiven anzubieten, die unterschiedliche Interessen und Fähigkeiten berücksichtigen. Die hier versammelten Stickbilder eignen sich als festliche Andenken an besondere Anlässe, zum Verzieren häuslicher Gegenstände und zum Herstellen individueller Geschenke. Und vielleicht dienen sie darüber hinaus auch als Sprungbrett für Ihre eigene Phantasie – denn dieses Buch will schließlich allen Freunden der Kreuzstickerei auch Ideen und Anregungen zu eigenen Arbeiten vermitteln.

Grundtechniken

Ehe Sie beginnen

Den Stoff vorbereiten

Selbst bei schonendem Umgang mit dem Material neigen gleichmäßig gewebte Stoffe oft dazu, an den Kanten auszufransen. Ratsam ist es deshalb, vor dem Sticken die Ränder mit einfachem Nähgarn zu umstechen.

Stickgrund

Für viele Modelle in diesem Buch wurde Aida-Stoff verwendet, der durch seine deutlich erkennbaren Quadrate sowohl für Anfänger als auch für Fortgeschrittene einen idealen Stickgrund darstellt. Um zu errechnen, wie groß die fertige Stickerei wird, muß man wissen, wieviele Stiche auf zehn Zentimeter des Stoffs kommen (jeder Stich umfaßt ein Quadrat): je höher die Stichzahl, desto kleiner die fertige Stickerei. Aida-Stoff (z.B. von Zweigart & Sawitzki) wird in mehreren Qualitäten und vielen Farben angeboten.
Andere Motive in diesem Buch sind auf Hardanger-Stoff gestickt, ein gleichmäßiges, leicht auszählbares Gewebe aus reiner Baumwolle. Hardangerstoff wird traditionell mit doppeltem Kett- und Schußfaden gewebt, wobei jedes Fadenpaar als ein Faden gezählt wird.

Anleitungen

Für jedes Modell ist zunächst das erforderliche Material aufgelistet. Die Maße enthalten eine Rundum-Zugabe von mindestens 5 cm, damit Sie den Stoff problemlos in einen Stickrahmen einspannen und die Kanten zum Schutz gegen Ausfransen sichern können.
Gestickt wird mit teilbarem Sticktwist. Die Farben für jedes Motiv sind in einer Tabelle aufgeführt. Normalerweise genügt je Farbe ein Strang Sticktwist; wird mehr Garn benötigt, findet sich bei den Materialangaben ein entsprechender Hinweis.
Das Sticken nach Zählmustern, besonders solchen, in denen mehrere Symbole dicht nebeneinander liegen, ist manchmal weniger mühsam, wenn Sie mit einer vergrößerten Vorlage arbeiten, in der die Quadrate und Symbole deutlicher zu erkennen sind. Für ein paar Pfennige kann man in vielen Fotokopierläden die Zählmuster vergrößern lassen. Noch einfacher wird das Zählen, wenn Sie die Vorlage entsprechend den Symbolen mit Buntstiften farbig ausmalen.

Markieren Sie vor dem Sticken – den Pfeilen im Zählmuster entsprechend – die Mitte des Motivs mit Hilfe zweier senkrecht bzw. waagrecht verlaufender Heftfadenlinien auf dem Stoff.
Die im Zählmuster markierten und in den Stoff gehefteten Mittellinien dienen als Orientierungshilfen zum Auszählen der Quadrate und Gewebefäden und damit zum exakten Plazieren des Motivs.

Sticken mit dem Rundrahmen

Für das Besticken kleiner Flächen wird am häufigsten der Rundrahmen aus zwei ineinander steckenden Ringen (Tamburierrahmen) benutzt. Der äußere Ring besitzt in der Regel eine Stellschraube, mit deren Hilfe der Stoff straff gespannt werden kann. Rundrahmen sind in unterschiedlichen Größen mit Durchmessern von 10 cm bis 38 cm erhältlich und oft mit einer Tischhalterung oder einem Bodenständer ausgestattet.

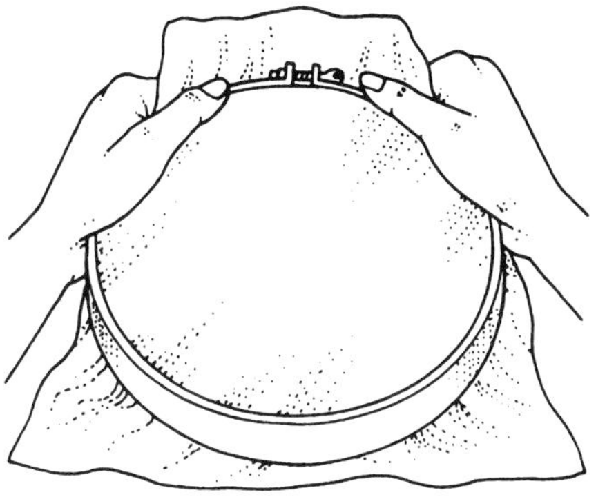

1 Legen Sie die Fläche, die bestickt werden soll, über den inneren Ring und schieben Sie den äußeren Ring mit gelockerter Stellschraube darüber. Zur Vermeidung von Druckstellen kann man ein Blatt Seidenpapier über den Stoff legen, mit einspannen und das Papier nach dem Festziehen der Stellschraube über der zu bestickenden Fläche wieder abreißen.

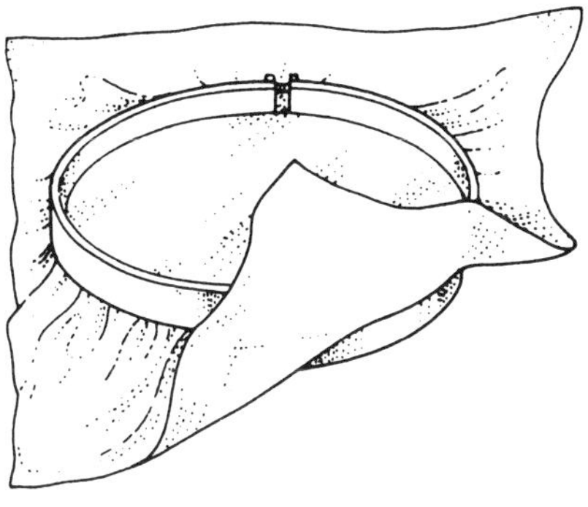

2 Vor dem Festziehen der Stellschraube den Stoff glätten und – falls erforderlich – den Fadenlauf gerade ausrichten. Das Material sollte gleichmäßig gespannt sein.

Sticken mit dem Viereck-Rahmen

Viereckige Rahmen, sogenannte Leistenspannrahmen, sind für größere Stickarbeiten besser geeignet. Sie bestehen aus zwei Rollen, auf denen der Länge nach ein robustes Band befestigt ist, und zwei flachen Seitenleisten, die durch Schlitze in den Rollen geschoben und mit Zapfen oder Schrauben verankert werden. Leistenspannrahmen sind in unterschiedlichen Größen, auch mit verstellbarem Bodenständer oder Tischhalterung erhältlich. Die Größe wird von der Länge bzw. Breite der mit Band ausgestatteten Rolle bestimmt und liegt zwischen 30 cm und 68 cm.

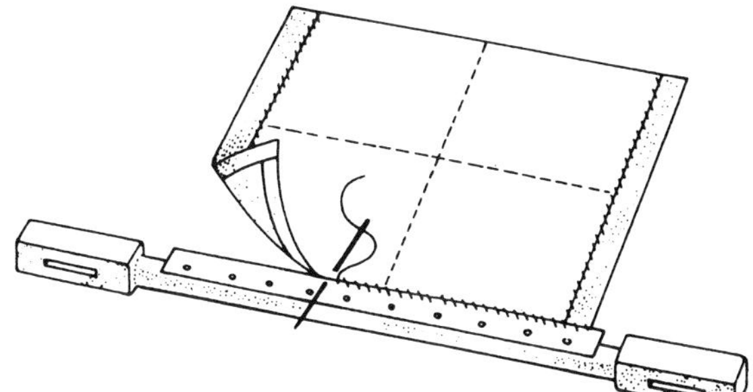

Als Alternative zum Leistenspannrahmen kann man sich auch mit einem Keilrahmen für Künstlerleinwand, einem Batikrahmen oder der Rückseite eines ausgedienten Bilderrahmens behelfen. In diesem Fall schlägt man einfach – vorausgesetzt die Stoffzugabe rund um die fertige Stickerei reicht aus – die Kanten einmal um und fixiert sie mit Reißnägeln oder Heftklammern am Rahmen.

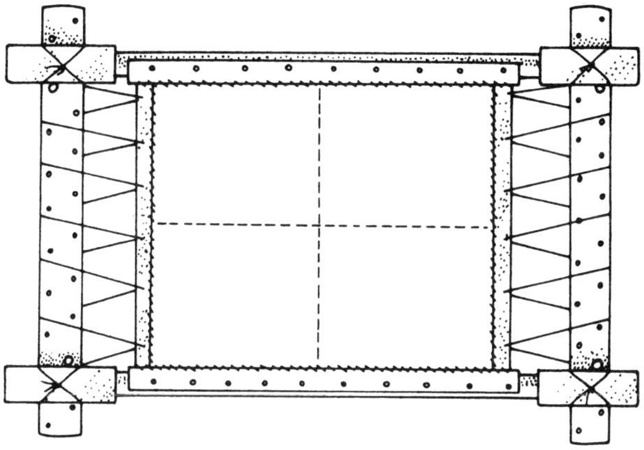

1 Schneiden Sie zum Sticken im Leistenspannrahmen den Stoff in Größe der fertigen Stickerei plus eine Rundumzugabe von 5 cm zu. Die Ober- und Unterkante 12 mm breit umschlagen und heften, und auf die beiden Seitenkanten ein 2,5 cm breites, robustes Band aufsteppen. Anschließend die beiden Mittellinien mit Heftstichen markieren. Nähen Sie nun mit kräftigem Faden und von der Mitte nach außen arbeitend die Ober- und Unterkante am Stickrahmenband fest. Die Seitenleisten in die Schlitze schieben und überschüssigen Stoff auf

eine der beiden Rollen aufwickeln, bis die Stickfläche straff gespannt ist.
2 Die Zapfen einschieben bzw. die Schrauben so fest anziehen, daß der Rahmen zusammenhält. Fädeln Sie nun in eine Nadel mit großem Öhr (Teppich-Nadel) einen kräftigen Faden oder eine dünne Schnur, schnüren Sie die mit Band besetzten Seitenkanten zickzackförmig und in Abständen von 2,5 cm an den Seitenleisten so fest, daß der Stoff dabei gleichmäßig gespannt wird (siehe Abbildung) und verknoten Sie Faden- oder Schnurende fest an den Rahmenecken.

Anstückeln

Kleine Stücke Stickereistoff, beispielsweise für Lesezeichen, lassen sich für das Einspannen in einen Rundrahmen ohne weiteres anstückeln.

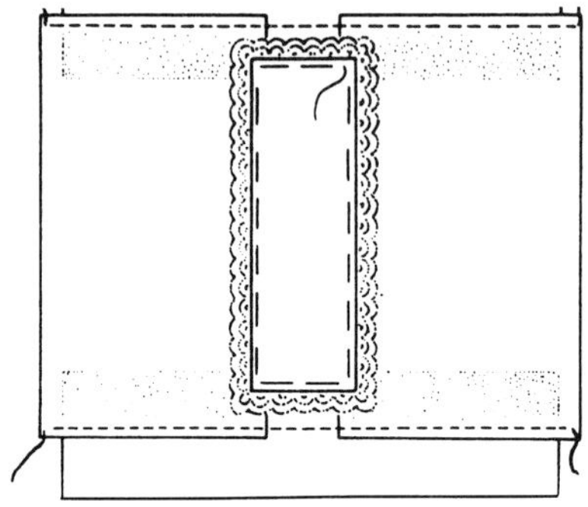

Verwenden kann man dafür Stoffreste ähnlicher Qualität. Schneiden Sie einfach vier Stücke in passender Größe zurecht, heften Sie sie der Abbildung entsprechend an den Stickereistoff und spannen Sie dieses „Patchwork“ wie gewohnt in den Rundrahmen.

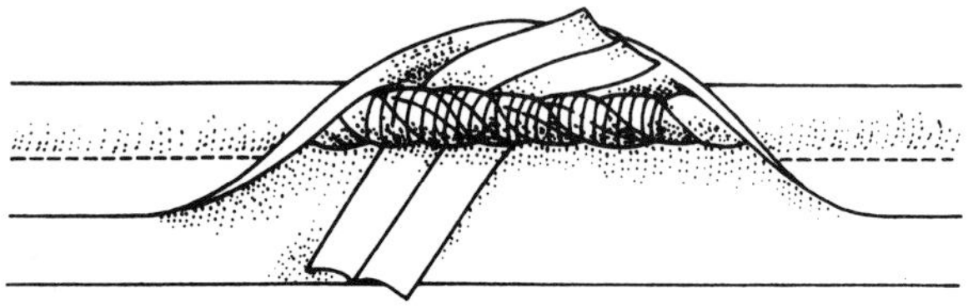

Stickereien aufziehen

Schneiden Sie ein Stück starken Karton in Größe der fertigen Stickerei mit einer Rundumzugabe von 6 mm für den Falz im Bilderrahmen zu.

Leichte Stoffe

1 Breiten Sie die Stickerei mit der Rückseite nach oben aus und legen Sie den Karton auf die Mitte ausgerichtet so auf, daß Heftfaden und Bleistiftlinien übereinstimmen. Die Ecken nacheinander diagonal einschlagen und mit Klebeband fixieren.

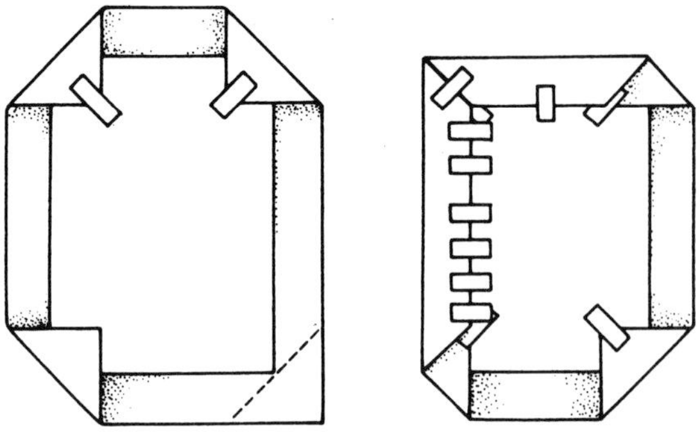

2 Schlagen Sie nun mit einer Seite beginnend den Stoff ein und fixieren Sie ihn in Abständen von ca. 2,5 cm mit Klebeband (siehe Abbildung). Auch die Ecken mit Klebeband fest zusammenhalten, so daß der Stoff straff und faltenlos gespannt ist.

Schwerere Stoffe

Breiten Sie die Stickerei mit der Rückseite nach oben aus und legen Sie den Karton mittig darauf. Den Stoff an zwei gegenüberliegenden Seiten umschlagen, die Ecken abschrägen und die Stoffkanten mit robustem Faden im Zickzackverband zusammenhalten (siehe Abbildung). Mit den beiden anderen Seiten ebenso verfahren. Abschließend den Stoff über dem Karton nochmals straffziehen und die abgeschrägten Ecken mit überwendlichen Stichen zusammennähen.

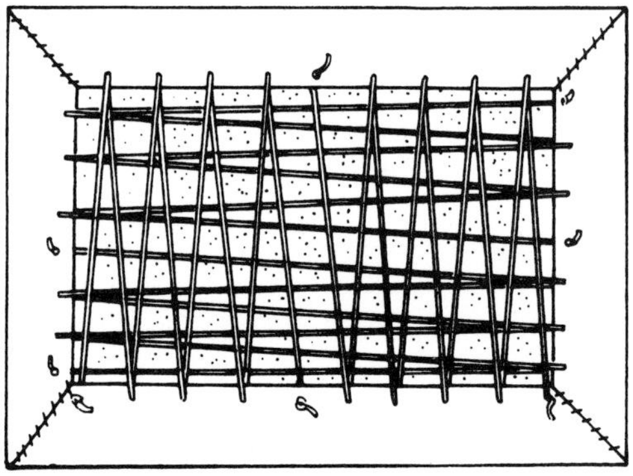

Kreuzstich

Für sämtliche Kreuzsticharbeiten werden die folgenden beiden Methoden angewandt. In beiden Fällen entstehen auf der Rückseite des Stoffes gleichmäßige Reihen von senkrechten Stichen.
Beim Besticken großer Flächen arbeitet man in horizontalen Reihen. Sticken Sie zunächst – links oben beginnend – die erste Reihe gleichmäßig voneinander entfernter, diagonaler Stiche über die in der jeweiligen Anleitung angegegebene Zahl von Gewebefäden. Dabei

führt der Grundstich immer von links unten nach rechts oben. Anschließend wird diese Stichfolge – nun von rechts nach links arbeitend – in der Rückreihe wiederholt. Die Deckstiche führen stets von rechts unten nach links oben. Fahren Sie mit der Arbeit in dieser Weise fort und achten Sie darauf, daß sich alle Stiche in derselben Richtung kreuzen.
Bei diagonal verlaufenden Reihen arbeiten Sie von oben nach unten und stellen jeden Kreuzstich einzeln fertig, ehe Sie den nächsten sticken. Beginnen Sie jede Stickarbeit in der Mitte und arbeiten Sie von innen nach außen. Damit stellen Sie sicher, daß das Motiv in der Mitte des Stoffes sitzt.

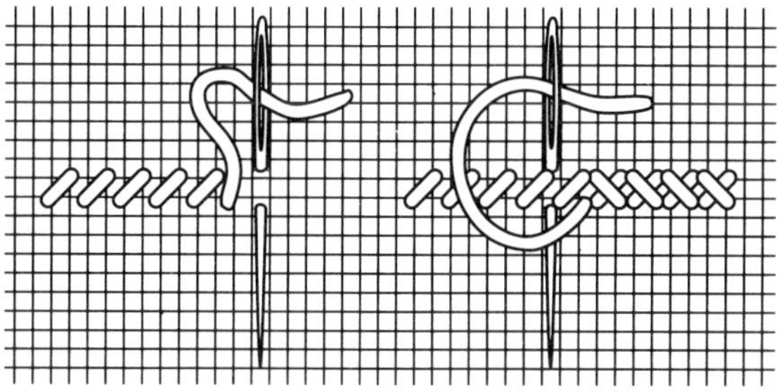

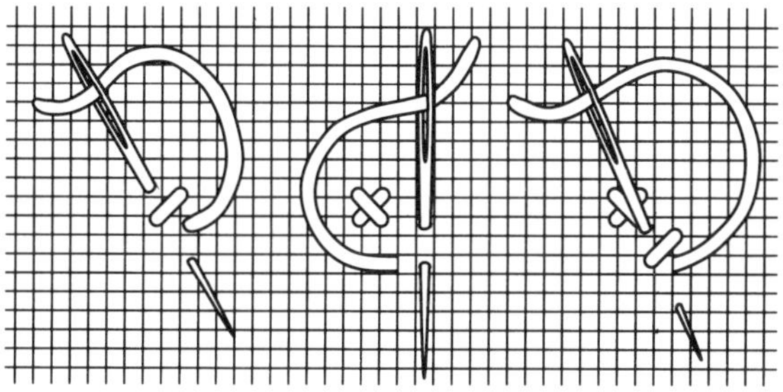

Rückstich

Mit dem Rückstich werden Trennlinien, Konturen oder Schatten herausgearbeitet. Er läuft über dieselbe Anzahl von Gewebefäden wie der Kreuzstich und bildet eine durchgehende, gerade oder diagonal verlaufende Linie.

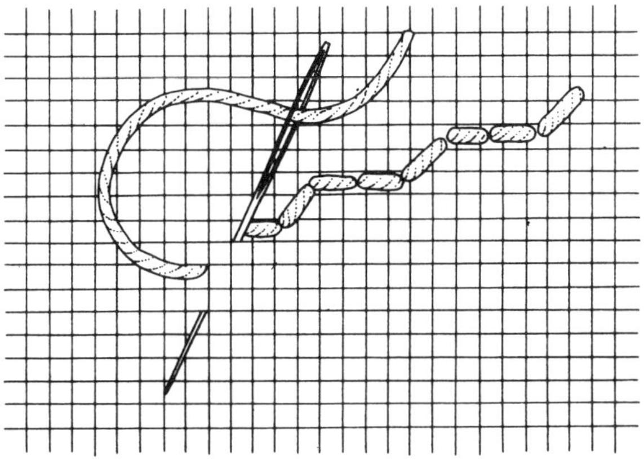

Machen Sie den ersten Stich von links nach rechts; führen Sie die Nadel an der Stoffunterseite nach vorn und dann eine Stichlänge links vom vorangehenden Stich wieder an die Stoffoberseite. Die Stichfolge entlang der vorgegebenen Linie fortsetzen.

Viertel-Kreuzstiche

Für einige Projekte in diesem Buch brauchen Sie unvollständige Kreuzstiche. Auch wenn es Anfängern davor ein wenig graust, sind sie gar nicht schwer zu sticken und ergeben in manchen Fällen eine natürlichere Linie. Wenn Sie Schwierigkeiten haben, die Mitte eines Aida-Quadrates zu treffen, stechen Sie zuerst ein kleines Loch mit einer spitzen Nadel.
Für ein Viertel-Kreuz stechen Sie bei Punkt A nch oben und bei Punkt B im Mittelpunkt eines Quadrates wieder nach unten. Danach vollendet ein diagonaler Rückstich den Arbeitsgang. Ein Quadrat des Zählmusters mit zwei unterschiedlichen Symbolen, die durch eine diagonale Linie getrennt sind, erfordert zwei Viertel-Kreuzstiche. Später ergänzt ein Rückstich das Quadrat.

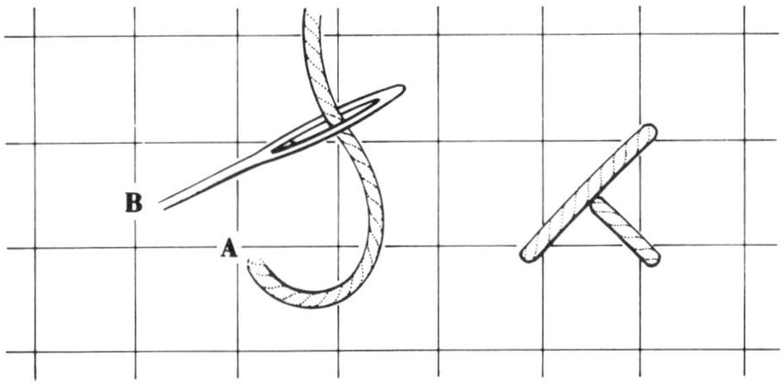

Sticken auf Stramin

Zwei der Motive im Kapitel „Familienzuwachs" wurden über Stramin gestickt. Der Stramin stellt dabei ganz einfach ein zählbares Stickraster dar, das später wieder entfernt wird. Legen Sie zunächst die Größe des Motivs fest, und schneiden Sie ein passendes Stück Stramin zu. Rund um das Motiv sollten jeweils 5 cm Rand bleiben. Heften Sie den Stramin auf dem Stoff, den Sie besticken wollen, an der richtigen Stelle auf. Danach sticken Sie das Motiv wie gwohnt. Wenn die Stickerei fertig ist, entfernen Sie die Heftstiche und feuchten den Stramin leicht mit Wasser an. Ziehen Sie die Straminfäden vorsichtig und langsam einen nach dem anderen mit einer Pinzette heraus. Lassen Sie sich für diese Arbeit Zeit, sonst riskieren Sie, daß Ihre Stickerei leidet. Widerspenstige Fäden sollten Sie gegebenenfalls noch einmal anfeuchten.

Grüße vom Land

Die hier vorgestellten Bordüren passen ganz ausgezeichnet in ein rustikal eingerichtetes Zimmer. Mit ihren frischen Farben und einfachen Linien lassen sich die Motive, die sich hier auf einem Stickmustertuch präsentieren, auf vielerlei Arten verwenden: z.B. als Bordüren für Wäsche und Handtücher oder als Einzelmotive für Miniaturbilder und andere dekorative Gegenstände.

Grüße vom Land

Material

Stickmustertuch in einem Rahmen von 27 x 23 cm:

37 x 32,5 cm naturfarbener Aida-Stoff (ca. 56 Stiche/10 cm)
Sticktwist in den in der Tabelle angeführten Farben
Sticknadel Nr. 26
Holzrahmen Ihrer Wahl
Starker Karton für die Bildrückseite
Kräftiger Faden zum Aufziehen des Stickbildes

Sticken

Den Stoff vorbereiten, die Mitte mit waagerechten und senkrechten Heftstichen markieren und den Stoff in einen Rahmen spannen (Anleitung siehe Seiten 4–5). Zählen Sie von der Mitte nach außen, um die Stickerei an einem günstigen Punkt zu beginnen. Stickerei ausführen, indem Sie sämtliche Kreuzstiche zuerst anbringen. Nehmen Sie durchwegs zwei Fäden in die Nadel und achten Sie darauf, daß alle Deckstiche in derselben Richtung verlaufen. Rückstiche mit einem Faden in der Nadel ausführen.
Wenn nötig, den Stoff mit der Hand waschen und vorsichtig von links dämpfen. Die Heftstiche noch nicht entfernen, sie leisten wertvolle Dienste beim Aufziehen des Stickbildes (siehe unten).

Fertigstellen

Die waagerechten und senkrechten Mittellinien auf dem Passepartoutkarton markieren und mit den Heftstichlinien in Deckung bringen. Die Stickerei mit Faden auf das Passepartout aufziehen (Anleitung siehe Seite 6) und Heftstiche entfernen.
Das aufgezogene Stickbild in den Rahmen einpassen. Wir haben einen einfachen Holzrahmen ohne Passepartout verwendet; Sie können das Stickmustertuch aber ebensogut in ein Passepartout geben, das in einem der Pastelltöne der Stickerei gehalten ist. Die Rückseite des Rahmens mit breitem Klebeband verschließen, damit kein Staub eindringen kann.

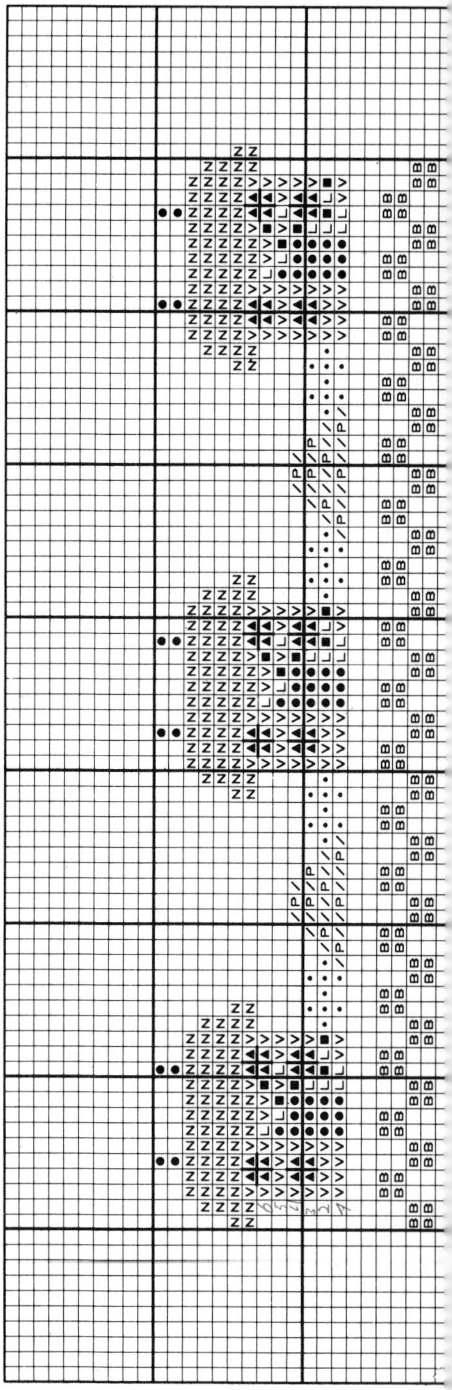

Oben

Grüße vom Land ▲		DMC	ANCHOR	MADEIRA
•	Weiß	Weiß	2	Weiß
S	Reines Grün	3363	262	1311
●	Dunkles Graubraun	640	903	1905
P	Mittleres Altrosa	224	893	0813
I	Helles Altrosa	225	892	0501
L	Mittleres Graugrün	522	860	1513
▲	Dunkles gedämpftes Grau	3022	392	1905
V	Sehr helles Graubraun	644	803	1907

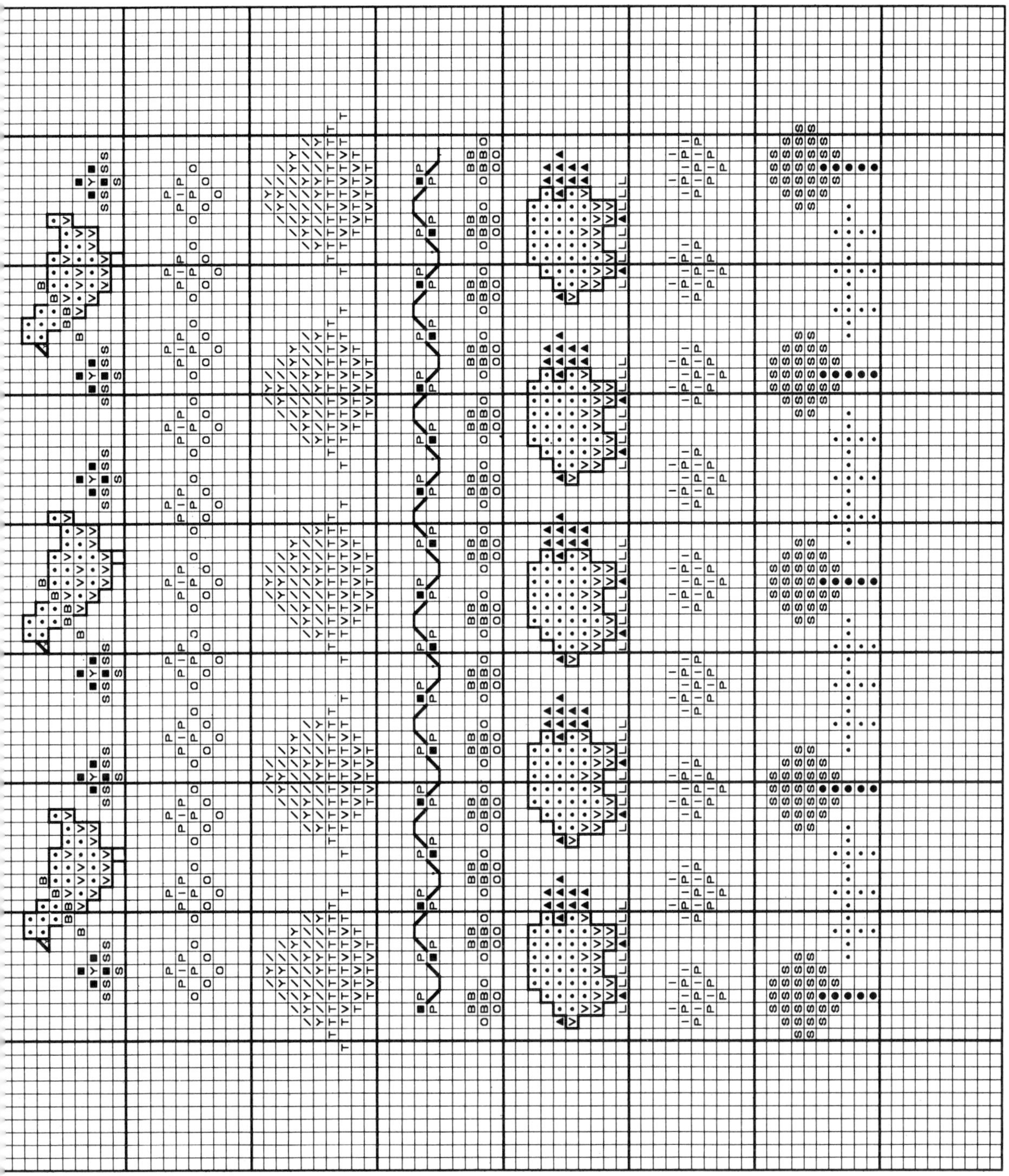

Unten

		DMC	ANCHOR	MADEIRA
O	Mittleres Gelbgrün	3053	844	1510
B	Helles Antikblau	932	920	1710
■	Dunkles Altrosa	223	895	0812
Y	Mittelgold	676	891	2208
T	Mittleres Graubraun	642	853	1906
/	Sehr helles Graugrün	524	858	1522
N	Helles Goldbraun	613	831	2109
	Mittl. gedämpftes Grau*	3023	1040	1903

Rückstiche: mittleres gedämpftes Grau* für Umrisse von Schafen und Gänsen; reines Grün für die Blumenbordüre in Rosa; Weiß für die Fensterscheiben.

Nostalgische Blumenmotive

Blumen sind ein zeitloses Lieblingsmotiv aller passionierten Stickerinnen, da es sich für eine Vielzahl von Zwecken und Anlässen anbietet. Diese zart abgetönten Rosen- und Fliedermotive aus viktorianischer Zeit präsentieren sich hier in verschiedenen Rahmen, aber Sie können sie auch ganz nach Ihren eigenen Vorstellungen verwenden, um Ihr Heim mit der Schönheit gestickter Blüten zu erfüllen.

Nostalgische Blumenmotive

Material

Silberner Anhänger (ca. 4,8 x 4 cm):

13 x 13 cm Hardanger-Stoff in Antikweiß (ca. 88 Fäden/10cm)
Sticktwist in den in der Tabelle angeführten Farben
Sticknadel Nr. 26
Anhänger (siehe Bezugsquellen)

Dose aus mattiertem Glas mit rundem Deckel (6,8 cm Durchmesser):

13 x 13 cm Fein-Aida-Stoff in Antikweiß (ca. 70 Stiche/10 cm)
Sticktwist in den in der Tabelle angeführten Farben
Sticknadel Nr. 26
Glasschale (siehe Bezugsquellen)

Porzellanschatulle mit ovalem Deckel (7 x 5 cm):

3 x 3 cm Fein-Aida-Stoff in Antikweiß (ca. 70 Stiche/10 cm)
Sticktwist in den in der Tabelle angeführten Farben
Sticknadel Nr. 26
Porzellanschatulle (siehe Bezugsquellen)

Bild im Rundrahmen (6,5 cm Durchmesser):

13 x 13 cm Fein-Aida-Stoff in Antikweiß (ca. 70 Stiche/10 cm)
Sticktwist in den in der Tabelle angeführten Farben
Sticknadel Nr. 26
Rundrahmen (siehe Bezugsquellen)

Sticken

Wenn Sie sämtliche Motive, die auf Stern-Aida-Stoff sind, sticken oder ein Motiv mehrfach ausführen, können Sie vielleicht Stoff sparen, indem Sie nur ein Stück Stoff verwenden. Dabei müssen Sie aber darauf achten, daß um jedes Motiv genügend Platz für die gewünschte Art der Fertigstellung bleibt.
Für jedes Motiv einen Faden in der Nadel verwenden. Alle Deckstiche müssen in der gleichen Richtung verlaufen. Die Stickerei vorsichtig von links dämpfen. Stickbild in den entsprechenden Gegenstand einsetzen, indem Sie der Anleitung des Herstellers folgen.

Herz ▶		DMC	ANCHOR	MADEIRA
	Mittleres Mauve*	3041	871	0806
⍂	Sehr helles Graugrün	524	858	1511
S	Mittleres Graugrün	522	860	1513
T	Hellmauve	3042	870	0807
–	Sehr helles Mauve	3743	869	0801
●	Dunkles Lachsrosa	3712	10	0416
O	Mittleres Lachsrosa	760	9	0405
X	Helles Lachsrosa	761	8	0404
•	Sehr helles Lachsrosa	3713	48	0502

Rückstiche: mittleres Mauve* (Umrandung der Schleife)

Bild ▶		DMC	ANCHOR	MADEIRA
⍂	Sehr helles Graugrün	524	858	1511
S	Mittleres Graugrün	522	860	1513
●	Dunkles Lachsrosa	3712	10	0416
X	Helles Lachsrosa	761	8	0404
•	Sehr helles Lachsrosa	3713	48	0502

Anhänger und Glasdose ▶		DMC	ANCHOR	MADEIRA
Y	Mittelgelb	744	301	0112
⍂	Sehr helles Graugrün	524	858	1511
S	Mittleres Graugrün	522	860	1513
T	Hellmauve	3042	870	0801
–	Sehr helles Mauve	3743	869	0806
●	Dunkles Lachsrosa	3712	10	0416
O	Mittleres Lachsrosa	760	9	0405
X	Helles Lachsrosa	761	8	0404
•	Sehr helles Lachsrosa	3713	48	0502

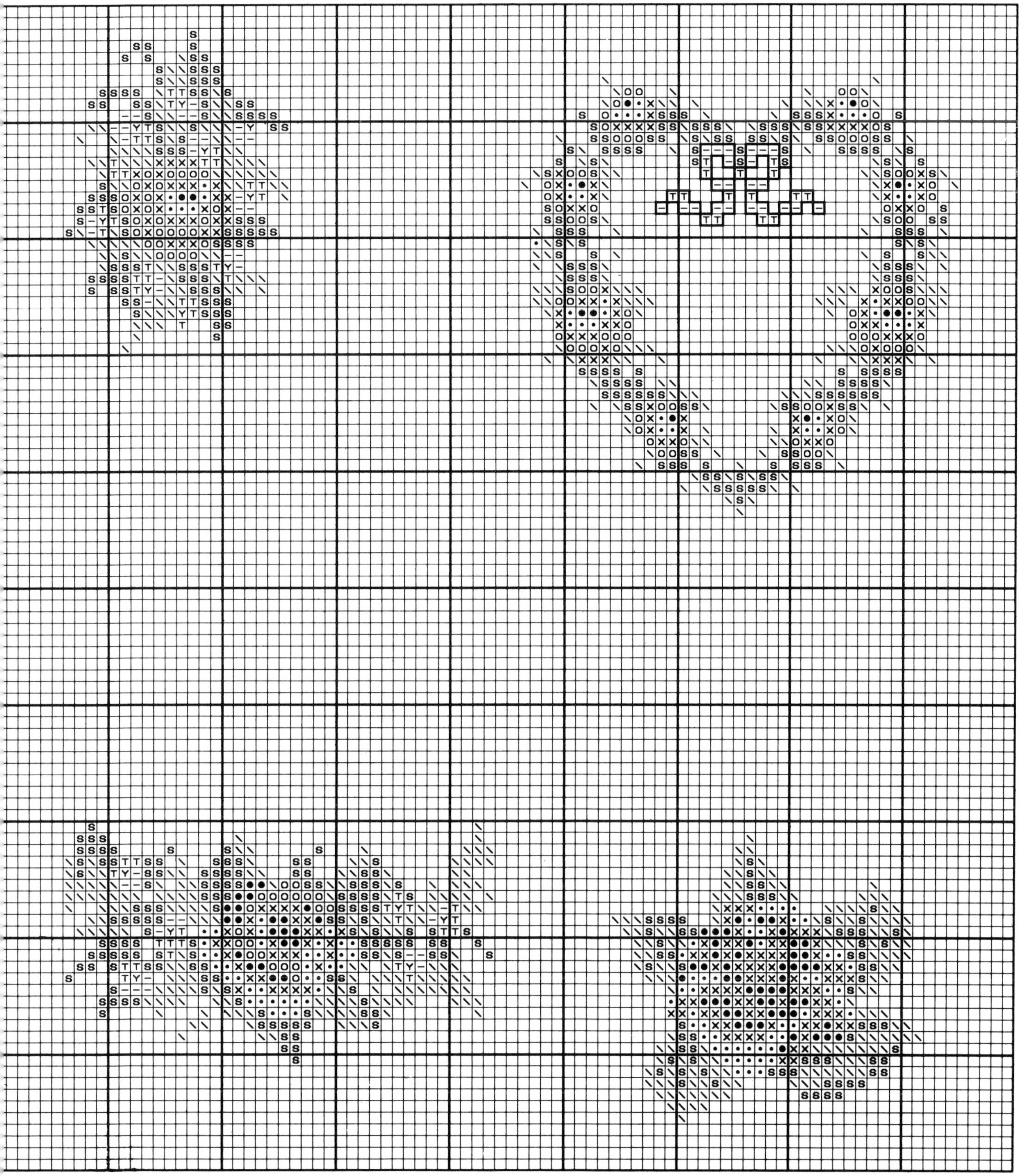

Familien-zuwachs

Die Ankunft eines neuen Familienmitglieds ist ein überaus freudiges Ereignis – und das Verzieren von Babysachen und -kleidung ist eine bezaubernde und dauerhafte Art, einen so besonderen Anlaß zu feiern. Hier sehen Sie mehrere Babymotive mit verschiedenen Verwendungsvorschlägen. Sie könnten aber auch für Babybettwäsche, als winzige Bilder fürs Kinderzimmer oder für andere Kleidungsstücke usw. hergenommen werden.

Familienzuwachs

Material

Teddybärkarte mit ovalem Fenster (8 x 6,5 cm):

15 x 10 cm weißer Fein-Aida-Stoff (ca. 70 Stiche/10 cm)
Schleife (falls gewünscht)
Sticktwist in den in der Tabelle angeführten Farben
Sticknadel Nr. 26
Karte (siehe Bezugsquellen)

Babyunterhemd und -socken:
Ca. 20 x 15 cm Stramin

Sticktwist in den in der Tabelle angeführten Farben
Sticknadel Nr. 24
Unterhemd und Socken bzw. andere Kleidungsstücke

Babylätzchen:

Sticktwist in den in der Tabelle angeführten Farben
Sticknadel Nr. 24
Lätzchen (siehe Bezugsquellen)

Sticken

Den Stoff für die Karte vorbereiten (siehe Seite 4) und entweder in Rundrahmen spannen oder in der Hand besticken. Für Kreuzstiche und Rückstiche durchgehend einen Faden in der Nadel verwenden.
Die fertige Stickerei so zuschneiden, daß sie rundum etwas über das Kartenfenster übersteht, dann hinter dem Fenster zentrieren, wobei die Heftstiche zum Ausrichten benutzt werden. Position der Stickerei mit leichten Bleistiftstrichen auf der Rückseite der Stickerei und der Rückseite des Fensters anzeichnen. Heftfäden entfernen und Karte ins Fenster einsetzen. Mit doppelseitigem Klebeband fixieren und Rückseite fest andrücken. Falls gewünscht, die Schleife mit etwas Stoffkleber oder einem Stück doppelseitigem Klebeband befestigen.
Unterhemd und Socken vorbereiten, indem Sie Stramin über den zu bestickenden Stellen anheften und darauf sticken (siehe Seite 7). Zwei Fäden in der Nadel für die Kreuzstiche und einen Faden für Rückstiche verwenden. Nach dem Sticken die Straminfäden herausziehen. Beim Lätzchen zwei Fäden in der Nadel für Kreuzstiche und einen Faden für Rückstiche verwenden.

Teddybär ▶		DMC	ANCHOR	MADEIRA
B	Blaßblau	3752	343	1710
O	Blasses Muschelrosa	3713	48	0502
S	Blaßgelb	745	300	0111
•	Weiß	Weiß	2	Weiß
■	Dunkles Goldbraun*	610	889	2119
X	Helles Hellbraun	738	361	2013
V	Sehr helles Hellbraun	739	366	2014
T	Goldenes Hellbraun	437	362	2012

Rückstiche: dunkles Goldbraun* für alle Rückstiche

Schaukelpferd ▶		DMC	ANCHOR	MADEIRA
B	Blaßblau	3752	343	1710
O	Blasses Muschelrosa	3713	48	0502
P	Mittleres Lachsrosa	761	8	0404
■	Dunkles Goldbraun*	610	889	2119
Y	Mittelgelb	744	301	0112

Rückstiche: dunkles Goldbraun* (nicht für Kreuzstiche) für sämtliche Rückstiche und Knotenstich für das Auge

Küken ▶		DMC	ANCHOR	MADEIRA
B	Blaßblau	3752	343	1710
S	Blaßgelb	745	300	0111
■	Dunkles Goldbraun*	610	889	2119
Y	Mittelgelb	744	301	0112

Rückstiche: dunkles Goldbraun* (nicht für Kreuzstiche) für sämtliche Rückstiche und Knotenstich für das Auge

Kinderwagen ▶		DMC	ANCHOR	MADEIRA
B	Blaßblau	3752	343	1710
O	Blasses Muschelrosa	3713	48	0502
P	Mittleres Lachsrosa	761	8	0404
■	Dunkles Goldbraun	610	889	2119
X	Helles Hellbraun	738	361	2013
V	Sehr helles Hellbraun	739	366	2014
T	Goldenes Hellbraun	437	362	2012

Rückstiche: dunkles Goldbraun für sämtliche Rückstiche

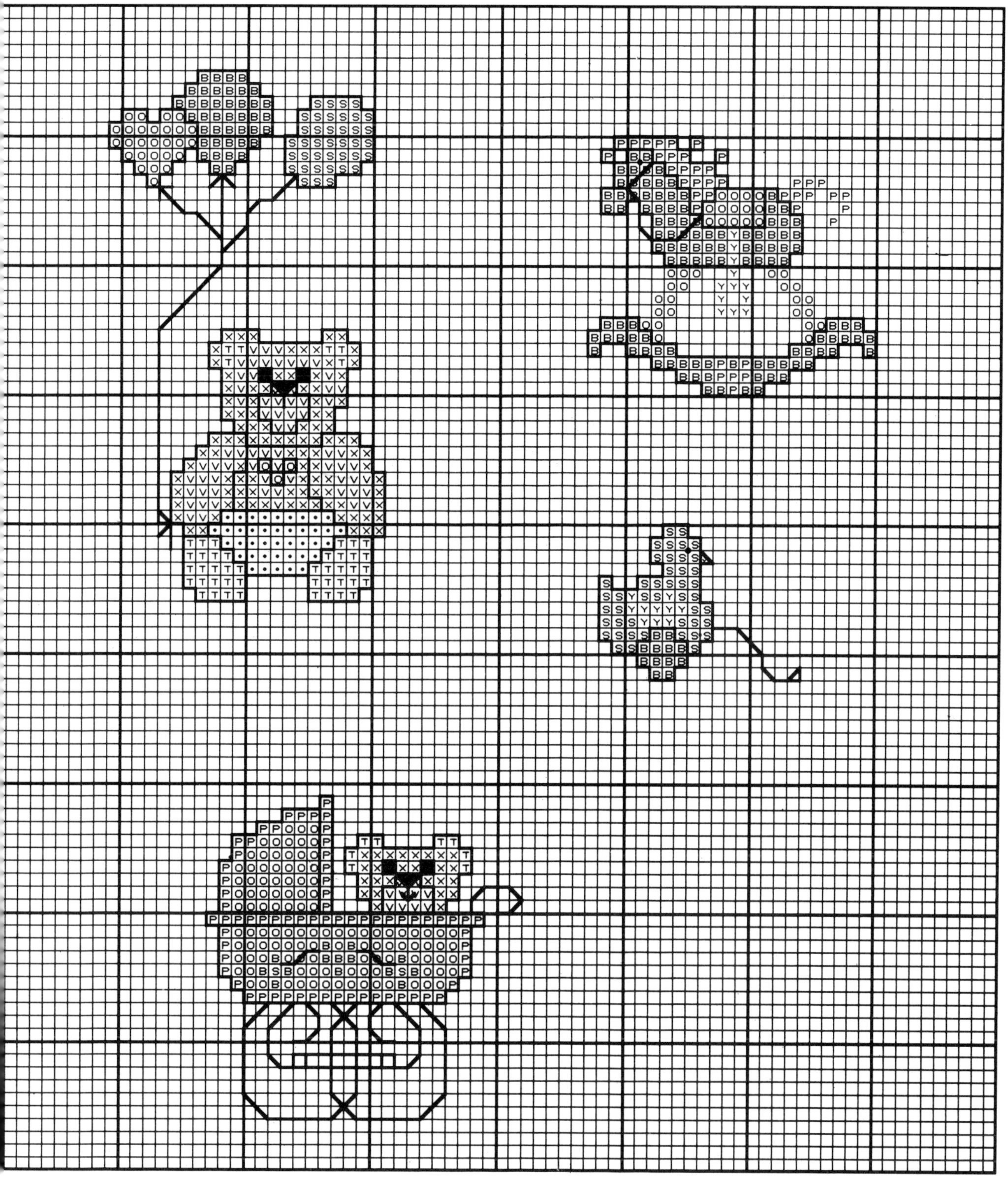

Bordüren für besondere Anlässe

Übers Jahr gilt es, eine stattliche Anzahl von offiziellen Festtagen, wie etwa Weihnachten und Ostern, zu begehen. Dazu kommen noch die privaten Feste wie Geburtstage oder Muttertag. Unsere Bordürenauswahl wurde mit Blick auf diese Anlässe entworfen. Die Bordüren lassen sich für eine Vielzahl von Gegenständen von der Tischwäsche bis zum Lesezeichen benutzen, aber vielleicht möchten Sie daraus auch Einzelmotive für Tischkarten oder kleine Präsente und Erinnerungsstücke auswählen.

Bordüren für besondere Anlässe

Material

5 cm breite Stern-Aida-Stickbänder (ca. 54 Stiche/10 cm), Farbe nach Wunsch

Sticktwist in den in der Tabelle angeführten Farben
Sticknadel Nr. 24
Kariertes Papier und Buntstifte oder Filzstifte
(falls erforderlich)

Aida-Stickbänder sind in verschiedenen Farben und Breiten erhältlich. Die erforderliche Länge hängt letztlich vom Verwendungszweck ab. Die Tabelle führt sämtliche Farben aller vorgestellten Bordüren an; deshalb sollten Sie sich vergewissern, welche Farben für die von Ihnen gewählte Bordüre benötigt werden. Kaufen Sie davon jeweils nur einen Strang.

Muster planen

Zuerst die gewünschte Länge der Bordüre bestimmen, damit Sie die erforderliche Anzahl von Musterwiederholungen für diese Länge ausrechnen können. Wenn das Muster nicht allzu lang ist, nimmt man dazu am besten kariertes Papier, wie es in unseren Zählmustertabellen verwendet wird. Beachten Sie, daß jedes Quadrat auf dem Papier ein Feld des Aida-Stoffs darstellt; in unserem Fall bedeuten also ca. 54 Quadrate eine Länge von 10 cm. Mit einem Motiv in der Mitte des Bandes beginnen und in beide Richtungen nach außen arbeiten. Dabei den Abstand zwischen den Motiven passend machen, damit abschließend an beiden Enden ein vollständiges Motiv sitzt. Dabei mindestens 6 mm zugeben, damit die Enden eingeschlagen werden können, wenn das Band beispielsweise auf ein Handtuch genäht werden soll.
Wenn Sie die Bandlänge ganz exakt ausfüllen wollen, können Sie die Zwischenräume zwischen den Motivwiederholungen vielleicht dadurch anpassen, daß Sie in die Verbindungselemente zusätzliche Stiche einfügen.

Fertigstellen

Zunächst die Mitte des Bandes bestimmen und mit senkrechten und waagerechten Heftstichlinien markieren. Das mittlere Motiv sticken und darauf achten, daß es nach oben und unten den gleichen Abstand hat. Von der Mitte aus in beide Richtungen arbeiten. Zwei Fäden in der Nadel für Kreuzstiche, einen Faden für Rückstiche verwenden.

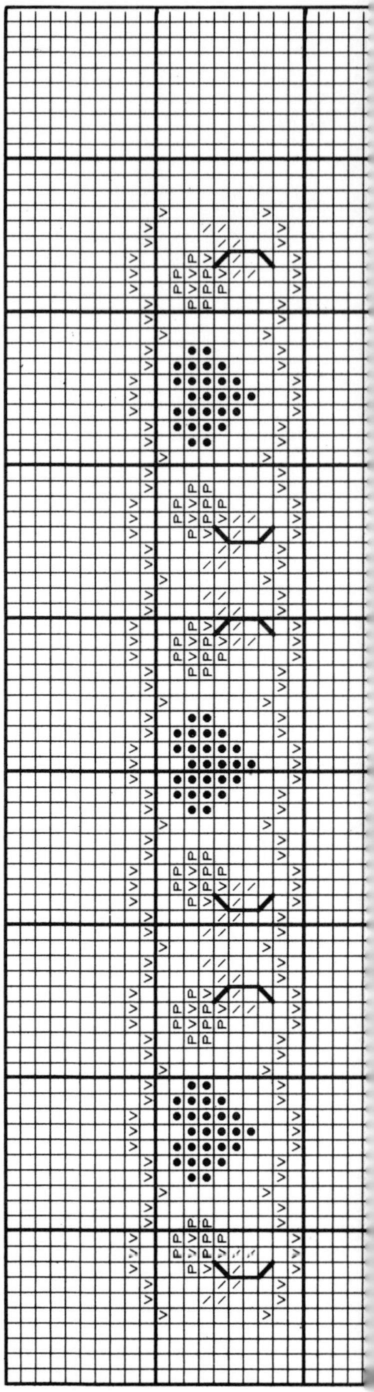

Oben

Bordüren für besondere Anläße ▲	DMC	ANCHOR	MADEIRA
• Weiß	Weiß	02	Weiß
● Dunkles Lachsrosa	760	09	0405
P Mittleres Lachsrosa	761	08	0404
V Blasses Muschelrosa	3713	48	0502
\ Sehr blasses Graugrün	524	858	1511
S Hellgelb	745	300	0111
△ Mittelgelb	744	301	0112
▲ Dunkles Goldbraun	610	889	2119
R Helles Goldbraun	612	832	2108

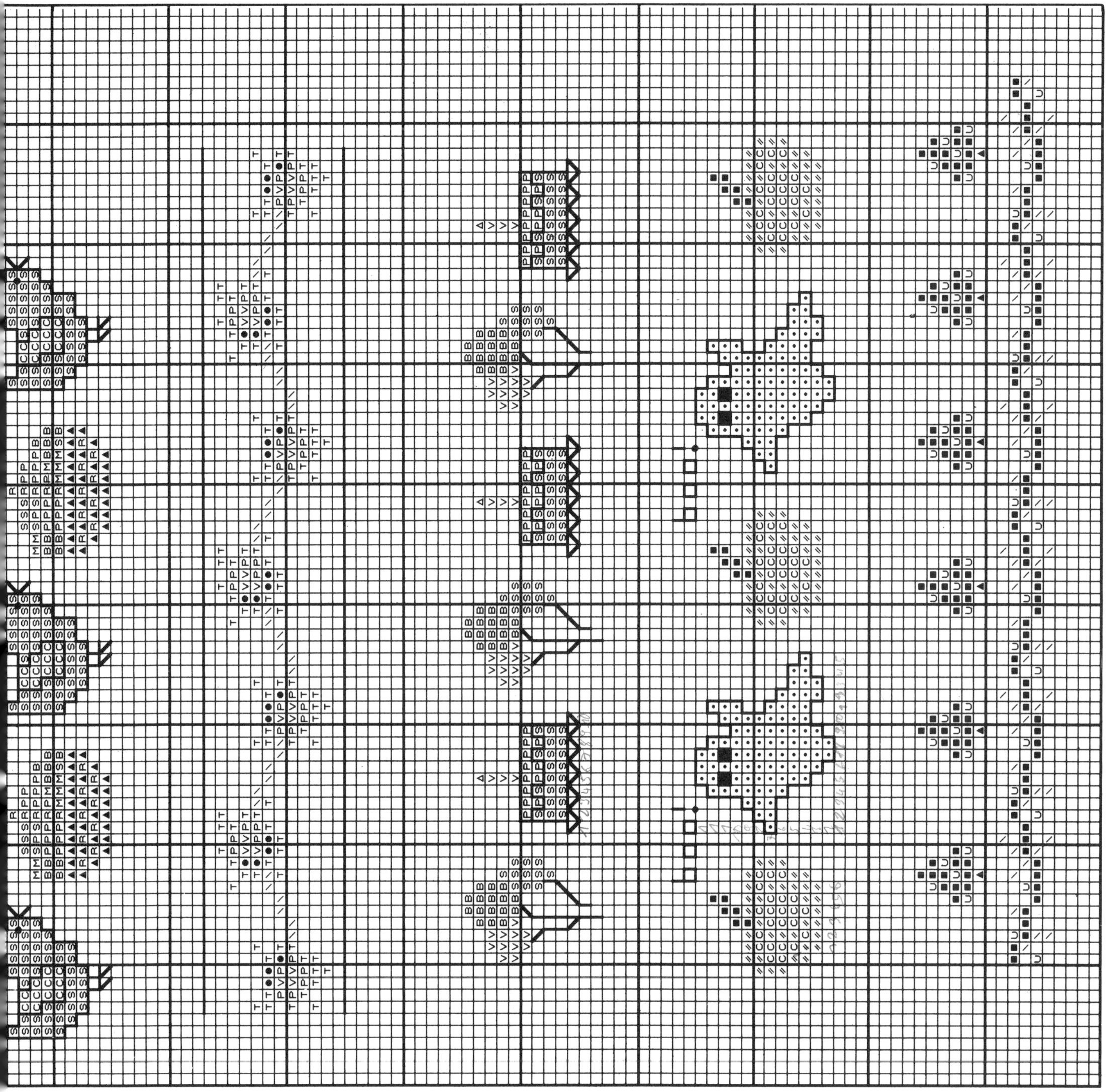

Unten

		DMC	ANCHOR	MADEIRA
T	Mittleres Graugrün	522	860	1513
B	Blaßblau	3752	343	1710
M	Mittleres Zartlila	554	0711	96
■	Reines Grün	3363	262	1602
⁄⁄	Mittleres weiches Orange	3776	1048	0310
C	Hellorange	402	1047	2307
U	Hellrot	3328	1024	0406
	Dunkelgrau*	414	233	1801

Rückstiche: die Stiele in Bordüre 1 in mittlerem Graugrün; die Hühner in Bordüre 2 in dunklem Goldbraun; die obere und untere Linie in Bordüre 3 in sehr blassem Graugrün; die Ballonschnüre, Torte und Spitze in Bordüre 4 und den Gespensterumriß sowie die Schrift in Bordüre 5 in Dunkelgrau* (nur für Rückstiche)

Blumenalphabet

Mit Blüten verzierte Monogramme sind eine ganz besondere Geschenkstickerei. Als Einfassung zu den Buchstaben werden hier zwei Bordürenmuster gezeigt, eines mit pfirsichfarbenen Rhomben und kleinen Blumen, das andere mit pfirsichfarbenen Rosenknospen und Herzen. Ein Präsent, das mit derart blumigen Initialen versehen ist, läßt bestimmt niemanden kalt.

Blumenalphabet

Material

Buchstabe in Holzrahmen (15 x 15 cm):

25 x 25 cm antikweißer Stern-Aida-Stoff (ca. 54 Stiche/10 cm)
Sticktwist in den in der Tabelle angeführten Farben
Sticknadel Nr. 26
Karton in Rahmengröße zum Aufziehen der Stickerei
Kräftiger Faden
Rahmen Ihrer Wahl

Geschenkkarte mit Fenster (6,5 x 6,5 cm):

13 x 13 cm cremefarbener Hardanger-Stoff
(ca. 88 Fäden/10 cm)
Sticktwist in den in der Tabelle angeführten Farben
Sticknadel Nr. 26
25 cm pfirsichfarbenes Band, 4 mm breit (falls gewünscht)
Geschenkkarte (siehe Bezugsquellen)

Kissen mit Spitze
(14 x 14 cm, einschließlich Spitzenborte):

15 x 15 cm weißer Damast-Aida-Stoff (ca. 72 Stiche/10 cm)
12 x 12 cm weißer Baumwollstoff oder Damast als Kissenunterseite
50 cm bereits geraffte Spitzenborte, 2 cm breit
Pfirsichfarbene Schleife
Sticktwist in den in der Tabelle angeführten Farben
Sticknadel Nr. 26
Lockere Polyesterfüllung

Buchstaben zentrieren

Den Stoff für das gewählte Motiv vorbereiten und Mitte mit senkrechten und waagerechten Heftstichlinien markieren (siehe Seite 4). Darauf achten, daß der Buchstabe genau in der Mitte des Stoffes sitzt. Um die Mitte des Buchstabens zu finden, die Anzahl der Quadrate an der breitesten und an der längsten Stelle zählen. Die jeweilige Zahl durch zwei teilen und entsprechend von außen nach innen zählen, um die Mitte zu erhalten. Von der Mitte des Stoffes nach außen zählen und Stickerei an einer günstigen Stelle beginnen.

Gerahmter Buchstabe

Stickerei mit zwei Fäden Sticktwist in der Nadel für Kreuzstiche und einem Faden für Rückstiche fertigstellen. Den Buchstaben mit der Rosenknospen-Bordüre einfassen. Die fertige Stickerei von links dämpfen. Mit kräftigem Faden auf Pappkarton aufziehen (siehe Seite 6) und in Rahmen einsetzen.

Geschenkkarte

Fertige Stickerei mit Rautenbordüre einfassen. Durchwegs einen Faden in der Nadel verwenden und über einen Gewebefaden sticken. Stickerei vorsichtig von links dämpfen. So zuschneiden, daß das Stickbild sauber hinter das Kartenfenster paßt, und Karte nach Anweisung des Herstellers fertigstellen. Falls gewünscht, mit einer Schleife verzieren.

Kissen mit Spitze

Fertige Stickerei mit der Rosenknospen-Bordüre einfassen. Durchwegs einen Faden Sticktwist in der Nadel verwenden. Die Stickerei mit der Hand waschen und vorsichtig von links dämpfen.
Den Stoff auf 12 x 12 cm zuschneiden. Spitzenborte um die Stickerei festheften, wobei die Zierkante nach innen zeigt und die gerade Kante innerhalb der Nahtzugabe von 1 cm sitzt. Die Enden der Spitze rechts auf rechts zusammennähen; Kissenunterseite und Stickerei samt Spitzenborte zusammenstecken und -steppen und auf einer Seite eine Öffnung von 5 cm frei lassen. Die Nahtzugabe an den Ecken zurechtschneiden; den Kissenbezug auf rechts wenden, mit Polyesterwatte füllen und die Öffnung vernähen. Schleife an einer Ecke annähen.

Blumenalphabet und Bordüren ▶	DMC	ANCHOR	MADEIRA
B Mittleres Blaugrau	927	849	1708
Helles Blaugrau*	928	900	1709
Mittleres Graugrün*	522	860	1513
S Helles Graugrün	524	858	1511
• Pfirsich hell	950	881	2309
X Mittl. Dunkelpfirsich	3773	882	2310
● Dunkles Dunkelpfirsich	407	883	2312

Zu beachten: helles Blaugrau* nur für die Rosenknospen-Bordüre; mittleres Graugrün* nur für die Rautenbordüre; Rückstiche: Spitzenkante der Rosenknospen-Bordüre in hellem Blaugrau und Herzen in dunklem Dunkelpfirsich

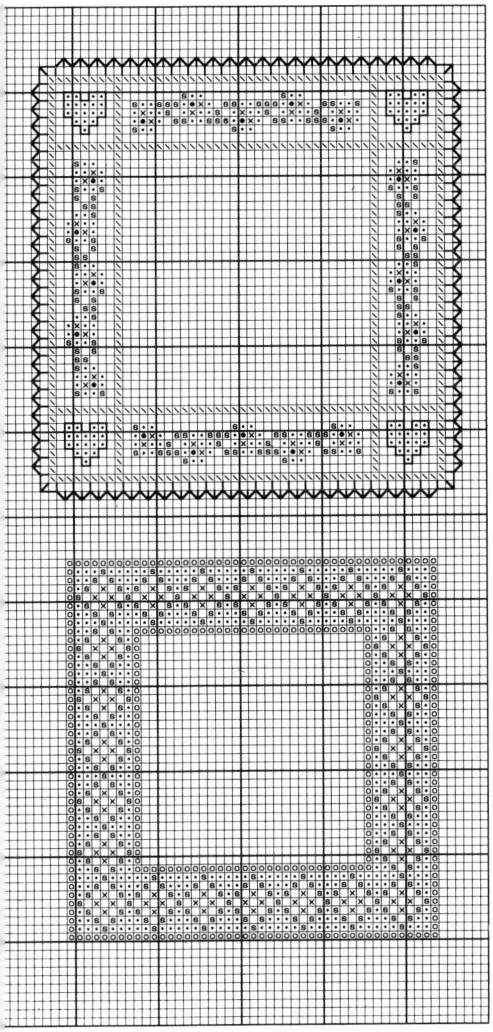

ordüren

Alphabet

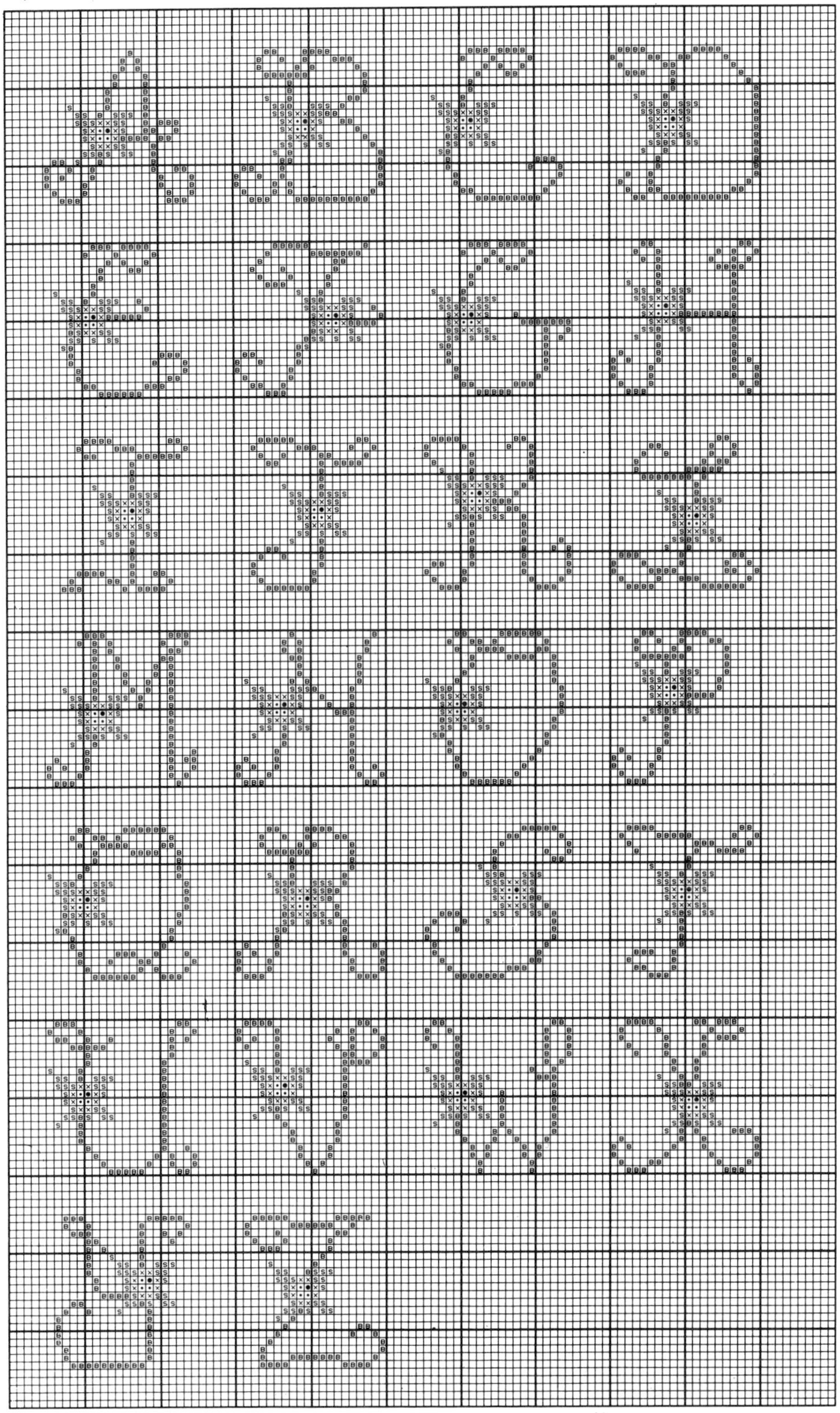

Initialen im Kranz

Mit hübschen Kränzen aus Blumen oder Früchten läßt sich ein höchst vielseitiges Alphabet herstellen. Der Briefbeschwerer oder die Schmuckdose mit einem Kranz aus Rosenknospen stehen jedem Wohnzimmer gut zu Gesicht, während die Fruchtgirlande vielleicht ein Verschlußdeckchen für Gläser mit Eingemachtem ziert.

Initialen im Kranz

Material

Briefbeschwerer, 6,5 cm Durchmesser:

10 x 10 cm weißer Fein-Aida-Stoff (ca. 70 Stiche/10 cm)
Sticktwist in den in der Tabelle angeführten Farben
Sticknadel Nr. 26

Porzellandose, Deckel-Durchmesser 9 cm:

13 x 13 cm cremefarbener Stern-Aida-Stoff
(ca. 54 Stiche/10 cm)
Sticktwist in den in der Tabelle angeführten Farben
Sticknadel Nr. 24

Verschlußdeckchen für Marmeladengläser, 15,5 cm Durchmesser, mit mittlerem Kreis aus Fein-Aida-Stoff (ca. 70 Stiche/10 cm), 6,5 cm Durchmesser:

Gekauftes Verschlußdeckchen (siehe Bezugsquellen)
70 cm farblich passendes Band, 6mm breit
Sticktwist in den in der Tabelle angeführten Farben
Sticknadel Nr. 26

Karte (16,5 x 13 cm) mit Fenster (9,5 cm Durchmesser):

15 x 15 cm weißer Stern-Aida-Stoff (ca. 56 Stiche/10 cm)
Sticktwist in den in der Tabelle angeführten Farben
Sticknadel Nr. 24
Karte (siehe Bezugsquellen)

Potpourri-Kissen, 25 x 25 cm (ohne Spitzenborte):

27,5 x 27,5 cm weißer Damast mit Mittelkreis (9,5 cm Durchmesser) aus Aida-Gewebe mit ca. 56 Stiche/10 cm
27,5 x 27,5 cm weißer Baumwollstoff
2,4 m Spitzenborte, 4 cm breit
Polyesterfüllung
Potpourri-Beutel
Sticktwist in den in der Tabelle angeführten Farben
Sticknadel Nr. 24
Weißes Nähgarn und Nadel

Briefbeschwerer

Stoff vorbereiten und die Mitte mit senkrechten und waagerechten Heftstichlinien markieren. In Rundrahmen spannen (siehe Anleitung Seite 4). Stickerei in der Mitte beginnen, dabei einen Faden Sticktwist in der Nadel verwenden. Stiche in sämtliche Richtungen jeweils über einen Gewebefaden führen. Alle Deckstiche müssen in derselben Richtung verlaufen. Darauf achten, daß die Ober- und Unterseite jeder Reihe in die gleichen Löcher wie die vorhergehende Reihe gestickt wird, so daß kein Zwischenraum zwischen den Reihen entsteht. Den Umriß der Blumen mit einem Faden dunkelgrünem Sticktwist sticken.

Fertigstellen

Die fertige Stickerei auf der cremefarbenen Papierrückseite, die mit dem Briefbeschwerer geliefert wird, zentrieren; die Heftstichlinien dienen dabei als Orientierungshilfe. Die Stickerei vorsichtig auf die Größe des Papiers zuschneiden. Heftfäden entfernen und Stickerei samt Papier mit dem Gesicht nach unten in den Briefbeschwerer einsetzen; mit der selbstklebenden Filzunterseite fixieren.

Schmuckdose

Den Stoff vorbereiten und die Mitte mit senkrechten und waagerechten Heftstichlinien markieren. In Rundrahmen spannen (siehe Anleitung Seite 4). Stickerei in der Mitte beginnen, dabei zwei Fäden Sticktwist in der Nadel verwenden. Stiche in sämtliche Richtungen jeweils über ein Stoffquadrat führen. Alle Deckstiche müssen in derselben Richtung verlaufen. Darauf achten, daß die Ober- und Unterkante jeder Reihe in die gleichen Löcher wie in der vorhergehenden Reihe gestickt werden, so daß kein Zwischenraum zwischen den Reihen entsteht.
Blumenumrisse und Stiele mit Rückstichen ausführen, dabei einen Faden dunkelgrünen Sticktwist verwenden. Fertige Stickerei vorsichtig von links dämpfen. Motiv mit Hilfe der Heftstichlinien auf die Mitte hin ausrichten; Heftfäden nach Zurechtschneiden des Stoffes entfernen. Deckel nach Anleitung des Herstellers zusammensetzen.

Verschlußdeckchen für Marmeladengläser

Den Stoff für jeden Verschluß vorbereiten und die Mitte mit senkrechten und waagerechten Heftstichlinien markieren. In Rundrahmen spannen (siehe Anleitung Seite 4). Stickerei in der Mitte beginnen, dabei einen Faden Sticktwist in der Nadel verwenden. Stiche in sämtliche Richtungen jeweils über einen Gewebefaden führen. Alle Deckstiche müssen in derselben Richtung verlaufen. Umrisse von Blumen und Beeren sowie Stiele mit Rückstichen ausführen, dabei einen Faden dunkelgrünen Sticktwist in der Nadel verwenden. Die Samen auf den Erdbeeren werden mit Knötchenstichen ausgeführt. Das fertige Verschlußdeckchen mit farblich passendem Band auf dem Marmeladenglas festbinden.

Karte

Den Stoff vorbereiten und die Mitte mit senkrechten und waagerechten Heftstichlinien markieren. In Rundrahmen spannen (siehe Anleitung Seite 4). Stickerei in der Mitte beginnen, dabei zwei Fäden Sticktwist in der Nadel verwenden. Stiche in sämtliche Richtungen jeweils über ein Gewebekaro führen. Alle Deckstiche müssen in derselben Richtung verlaufen.
Blumenumrisse und Stiele mit Rückstichen sticken, dabei einen Faden dunkelgrünen Sticktwist in der Nadel verwenden.

Fertigstellen

Die fertige Stickerei vorsichtig von links dämpfen und zurechtschneiden, so daß sie auf allen Seiten 12 mm über das Kartenfenster übersteht. Stickerei mittig hinter das Fenster setzen und mit doppelseitigem Klebeband fixieren; fest andrücken.

Potpourri-Kissen

Den Stoff vorbereiten und die Mitte mit senkrechten und waagerechten Heftstichlinien markieren. In Rundrahmen spannen (siehe Anleitung Seite 4). Stickerei in der Mitte beginnen, dabei drei Fäden Sticktwist in der Nadel verwenden. Stiche in sämtliche Richtungen jeweils über einen Gewebefaden führen. Alle Deckstiche müssen in derselben Richtung verlaufen. Darauf achten, daß die Ober- und Unterkante jeder Reihe in die gleichen Löcher wie in der vorhergehenden Reihe gestickt werden, so daß kein Zwischenraum zwischen den Reihen entsteht.
Stiele mit Rückstichen ausführen, dabei einen Faden dunkelgrünen Sticktwist in der Nadel verwenden.

Fertigstellen

Die Stickerei vorsichtig von links dämpfen. Die Schmalseiten der Spitzenborte mit einer schmalen französischen Naht verbinden und einen Kräuselfaden durch die Bortenkante ziehen. Die Fältchen so zurechtziehen, daß sie um die Kanten des Kissens passen. Spitzenborte rechts auf rechts an der Stickerei festheften, wobei die Zierkante nach innen zeigt und die gerade Kante innerhalb der Nahtzugabe von 12 mm sitzt. Fältchen gleichmäßig verteilen, an den Ecken etwas bauschiger, und mit der Maschine feststeppen. Kissenunterseite rechts auf rechts darauflegen; festheften, dann mit einer Nahtzugabe von 12 mm mit der Machine feststeppen. An einer Seite eine Öffnung von 20 cm frei lassen. Heftstiche entfernen, die Nahtzugabe an den Ecken zurechtschneiden und den Kissenbezug auf rechts wenden, mit losem Polyester und Potpourri-Beutel füllen und die Öffnung mit unsichtbaren Stichen schließen.

Initialen im Kranz ▼		DMC	ANCHOR	MADEIRA
−	Hellmauve	208	111	0804
S	Dunkelmauve	550	101	0714
Z	Rosa	3689	66	0606
r	Purpur	3608	86	0709
X	Helles Moosgrün	3052	844	1509
=	Dunkles Moosgrün	3051	845	1508
0	Leuchtendes Grün	3348	264	1409
•	Creme	746	275	0101
e	Gelb	743	301	0113
V	Hellblau	800	128	0909
+	Dunkelblau	799	130	0910
n	Hellrot	349	12	0212
C	Dunkelrot	304	47	0513
/	Braun	640	393	1905

Die Zählmuster zu den übrigen Buchstaben finden Sie auf Seite 34/35.

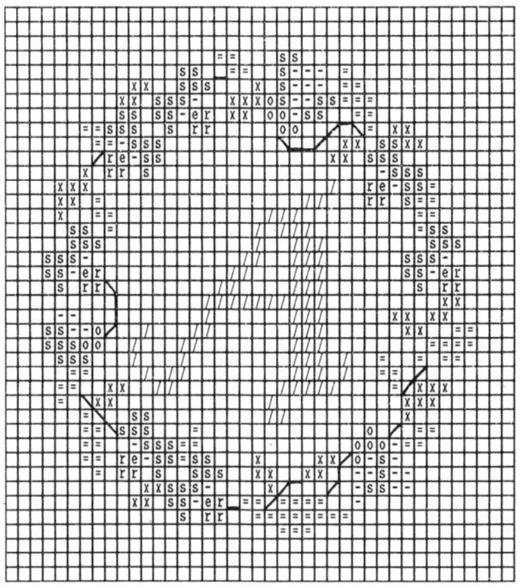

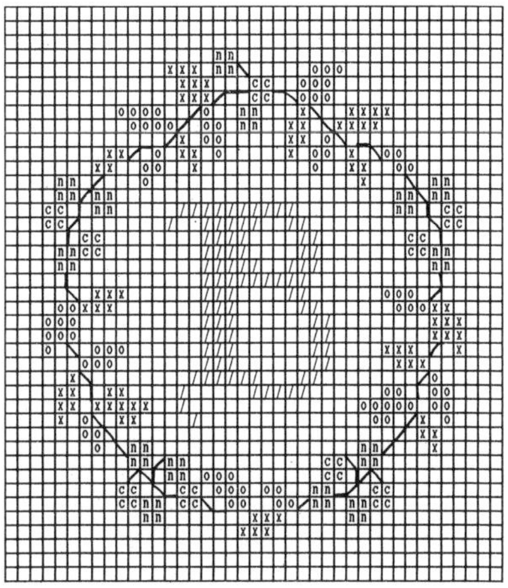

Die übrigen Buchstaben finden Sie auf Seite 34/35.

B
F

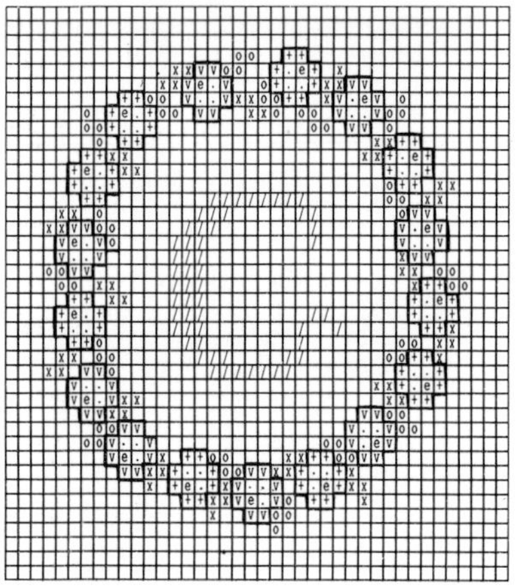
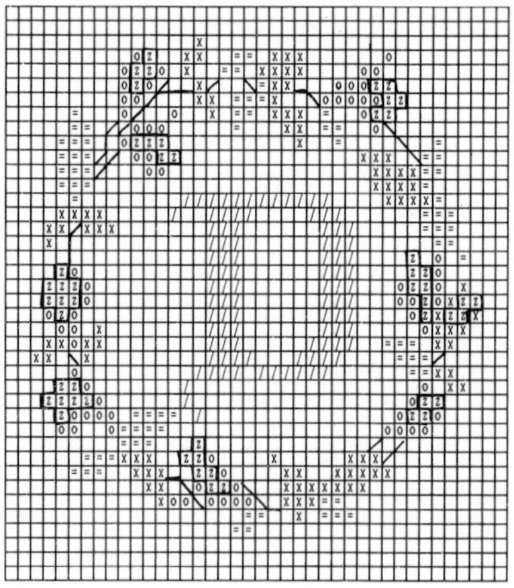
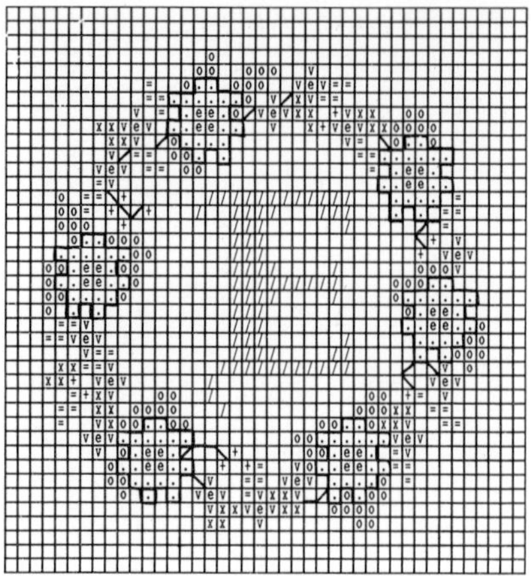
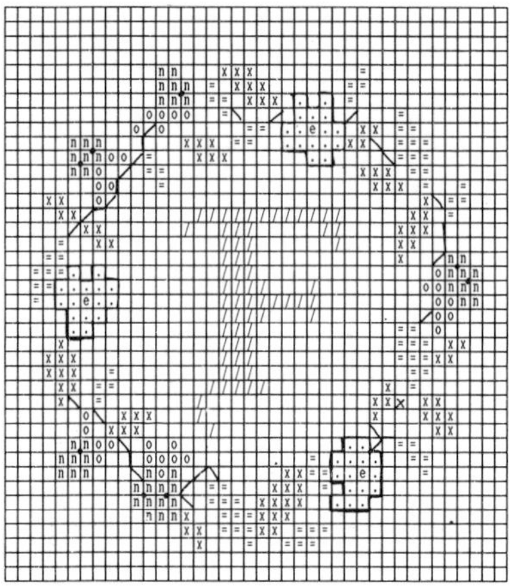
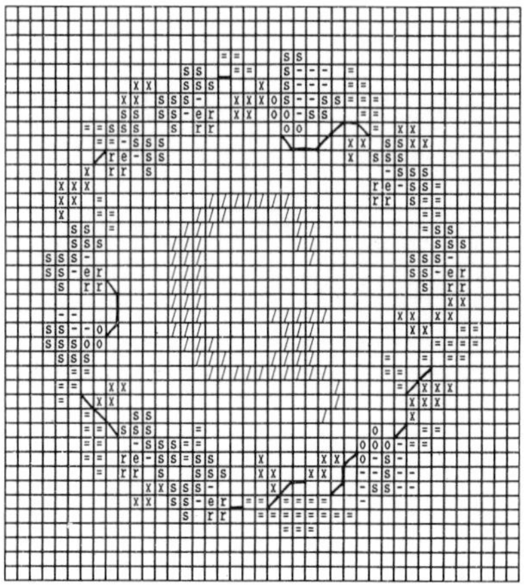
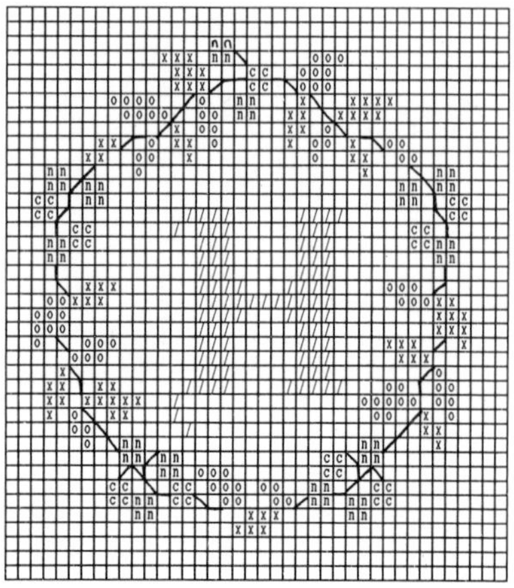
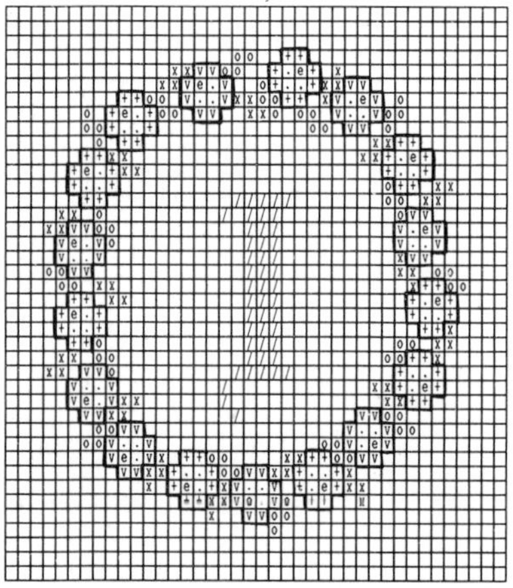
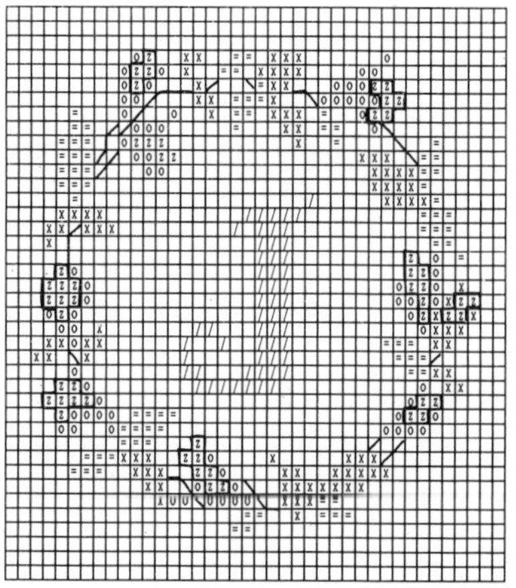
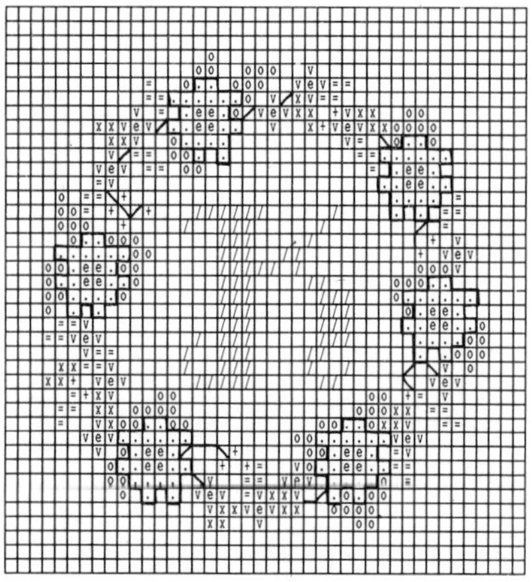
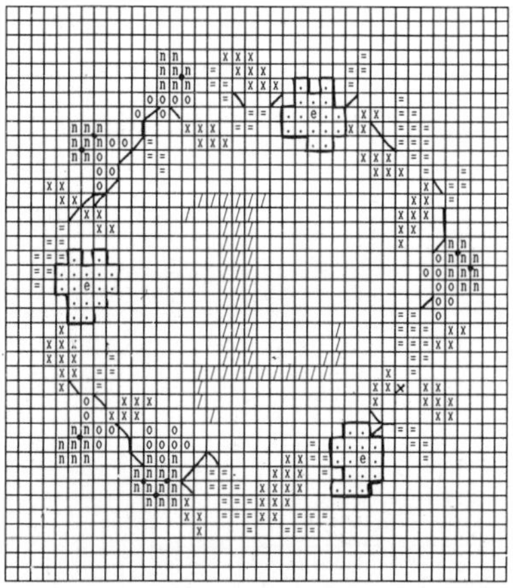
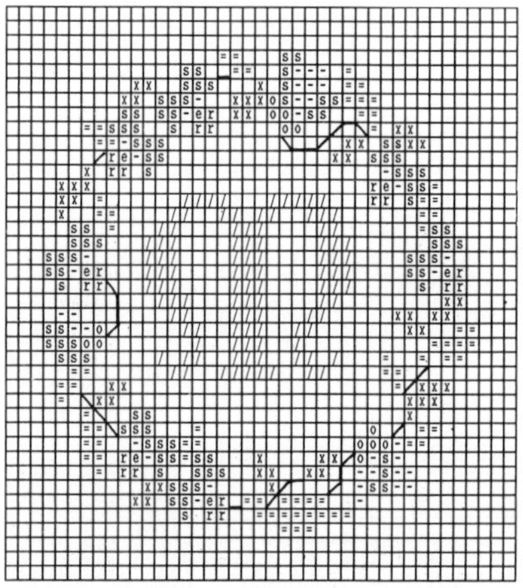
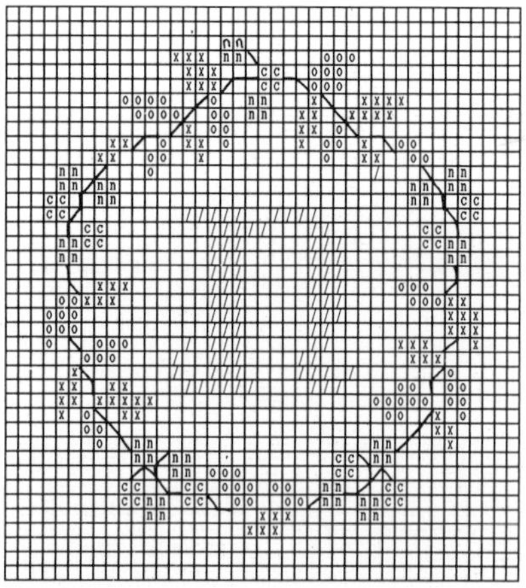

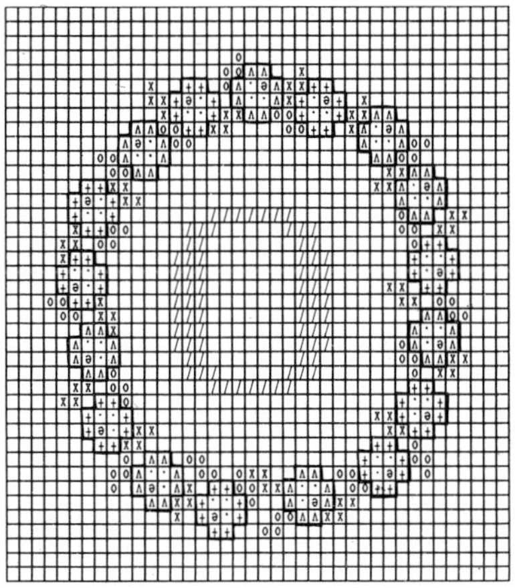
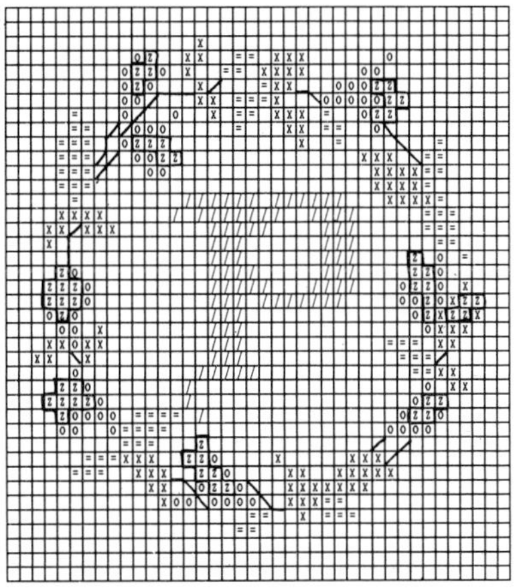
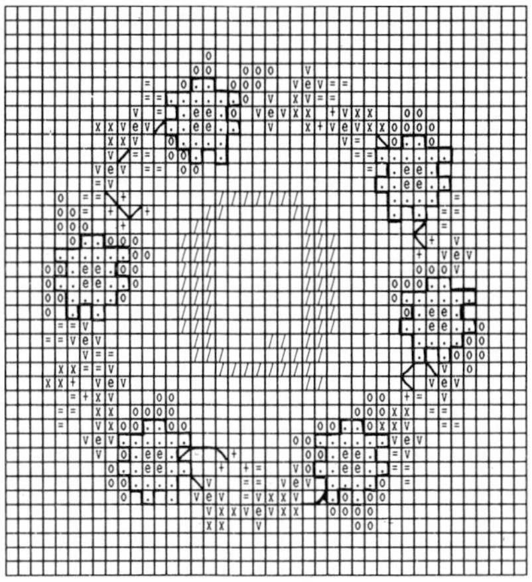
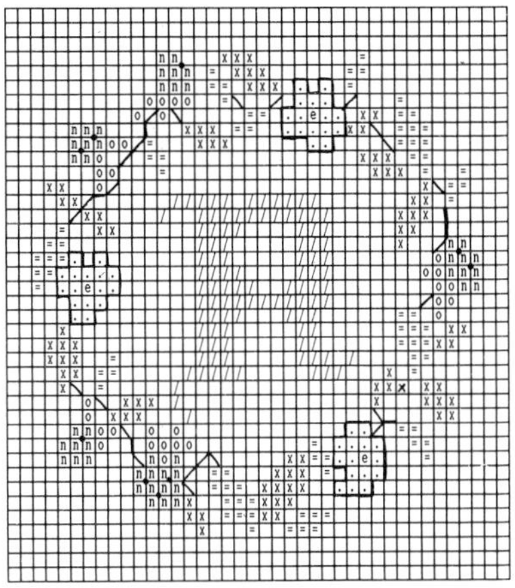
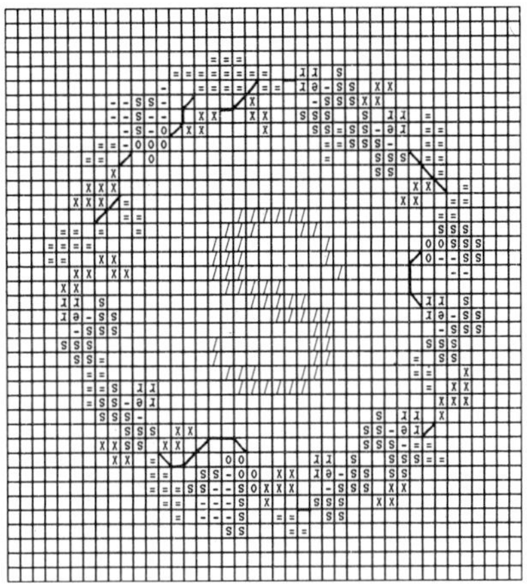
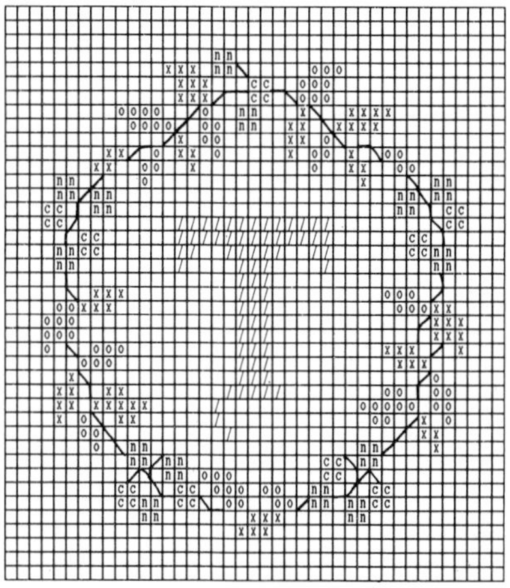
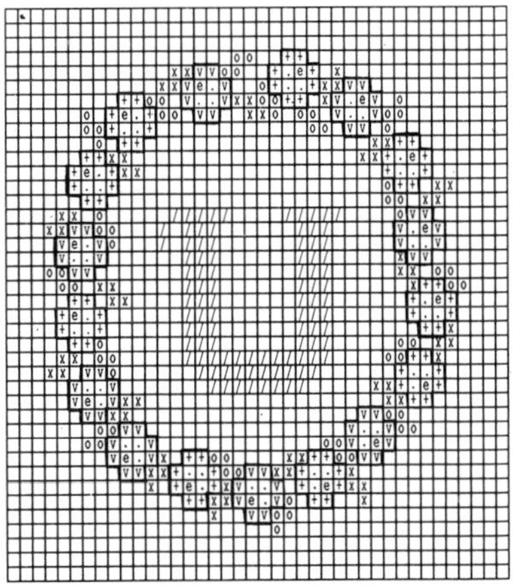
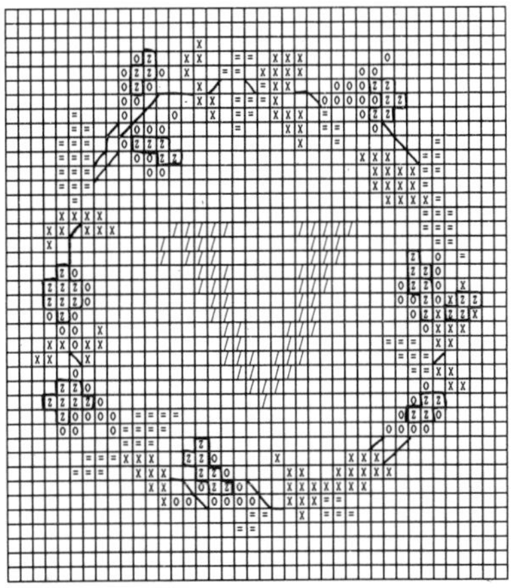
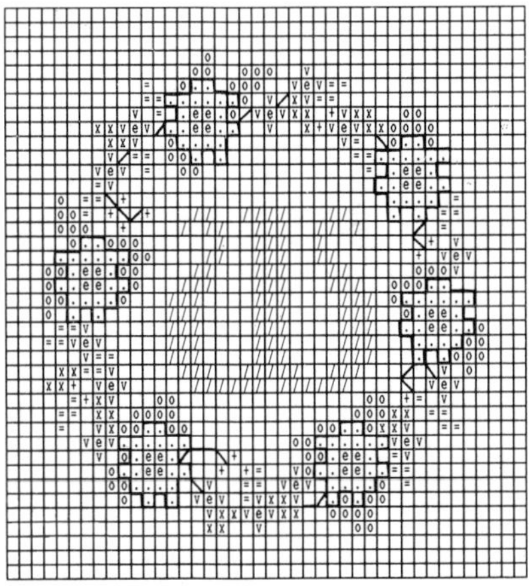
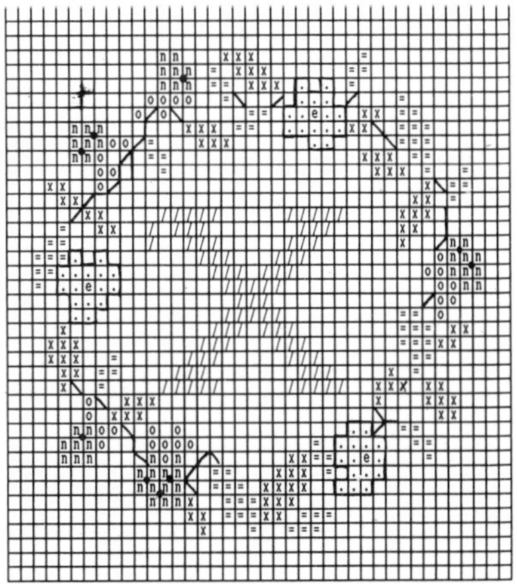
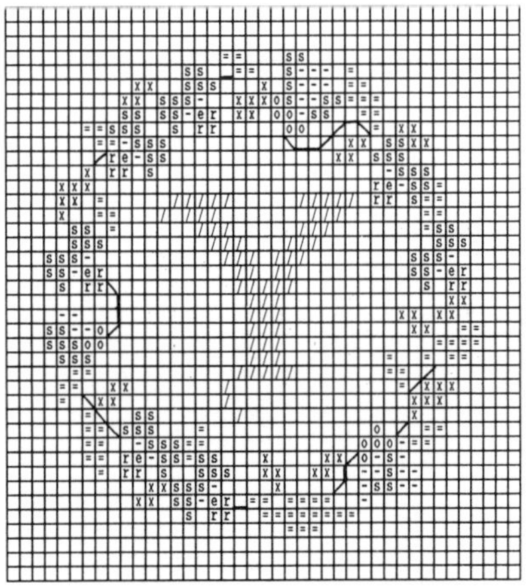
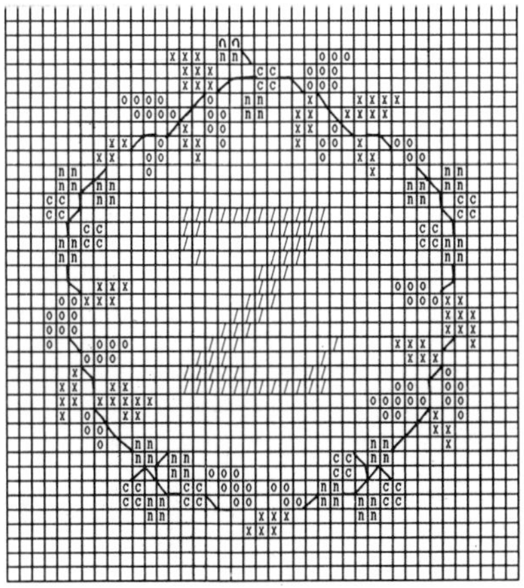

Traditionelle Bordüren

Alte Stickmustertücher weisen oft eine Vielzahl von Bordüren auf, die gewöhnlich aus Blumen, Früchten oder geometrischen Formen bestehen. Die hier gezeigten Bordüren präsentieren sich in Form eines sogenannten „Merktuchs“, auf dem die Stickerinnen ihre Lieblingsmuster „notierten“. Natürlich kann man jede Bordüre auch einzeln verwenden: z.B. auf Tischwäsche, Kleidung, Stoffbändern etc.

Traditionelle Bordüren

Material

38 x 33 cm Stickleinen (ca. 100 Fäden/10 cm)

Sticktwist in den in der Tabelle angeführten Farben
Sticknadel Nr. 24
Kräftiger Faden zum Aufziehen der Stickerei
Fester Montagekarton
Rahmen Ihrer Wahl (28 x 23 cm)

Sticken

Stoff vorbereiten und die Mitte mit senkrechten und waagerechten Heftstichlinien markieren; in Rahmen spannen (siehe Seite 5). Dem Zählmuster folgend die Stickerei in der Mitte beginnen, dabei zwei Fäden Sticktwist in der Nadel verwenden und Kreuzstiche über zwei Gewebefäden führen. Abschließend Rückstiche um die Augen mit einem Faden in der Nadel ausführen. Die Heftstiche noch nicht entfernen und fertige Stickerei vorsichtig von links dämpfen.

Stickerei aufziehen

Sie können zum Aufziehen Ihrer Stickerei beide auf Seite 7 beschriebenen Methoden verwenden. Um eine glatte Oberfläche zu erhalten, ist es vielleicht ratsam, den Stoff mit Stecknadeln auf dem Karton zu fixieren, wobei sie vom Mittelpunkt aus in Richtung der beiden Ecken arbeiten und den Vorgang auf der gegenüberliegenden Seite wiederholen, um sicherzugehen, daß der Stoff glatt gespannt ist. Mit Klebeband oder Faden fixieren, an den übrigen Seiten wiederholen. Heftstiche entfernen.
Wenn Sie die aufgezogene Stickerei selbst in den Rahmen einsetzen, die Rückseite mit rostfreien Nadeln befestigen und mit breitem Klebeband versiegeln, um das Eindringen von Staub zu verhindern.

Bordüren

Einzelne Bordüren lassen sich effektvoll auf Aida-Stoffband einsetzen, um Tisch- und andere Wäsche zu verzieren.

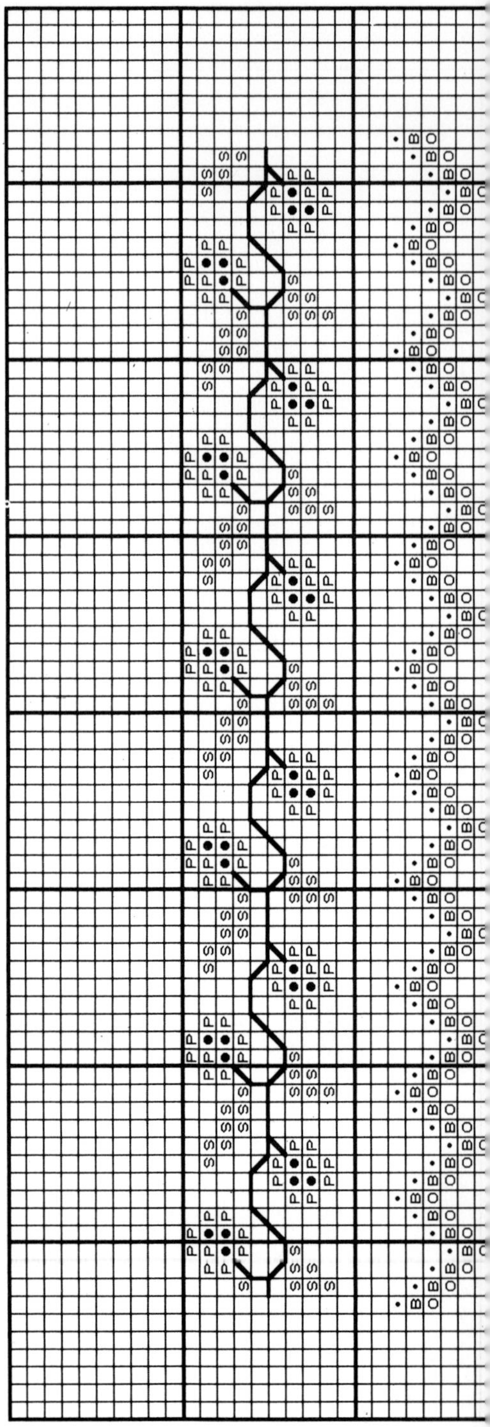

Oben

Traditionelle Bordüren ▲		DMC	ANCHOR	MADEIRA
P	Mittl. Dunkelpfirsich	950	881	2309
●	Dunkles Altrosa	3773	882	2310
S	Sehr helles Graugrün	524	858	1511
V	Mittleres Graugrün	522	860	1813
O	Dunkles Blaugrau	926	850	1707
B	Mittleres Blaugrau	927	849	1708

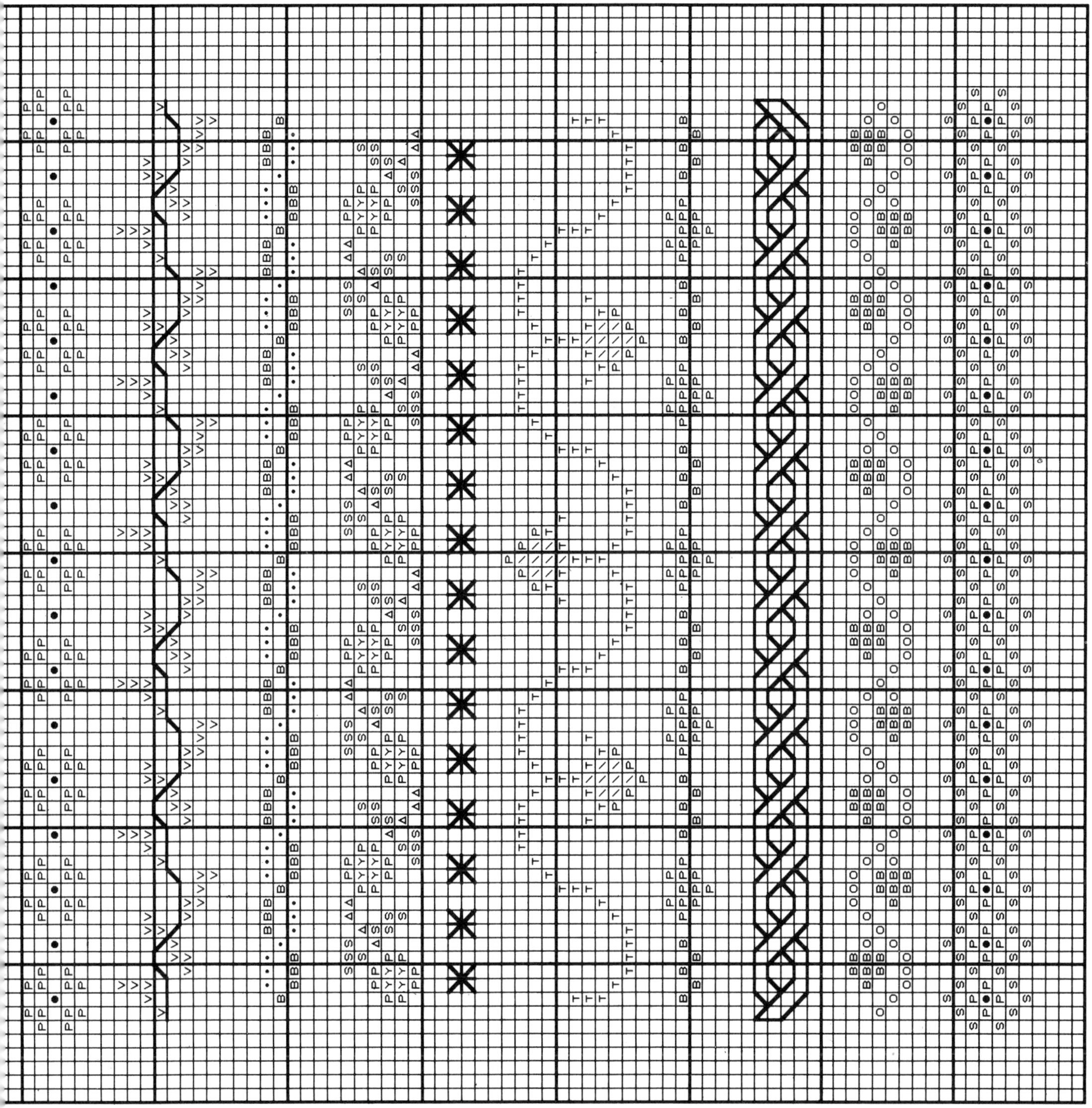

Unten

		DMC	ANCHOR	MADEIRA
•	Helles Blaugrau	928	900	1709
\	Blasses Dunkelpfirsich	3774	778	1910
T	Mittleres Graubraun	642	853	1906
Y	Mittelgold	676	891	2208
B	Mittleres Gelbgrün	3053	844	1510

Rückstiche: die Stiele in Reihe 1 in mittlerem Graugrün und Stiele in Reihe 4 in mittlerem Graubraun; Reihe 7 (ausschl. Rückstiche) in dunklem Dunkelpfirsich oder in einer Farbe eigener Wahl; Reihe 10 in mittlerem Graugrün

Das gewisse Etwas

Ein alte Tradition lebt derzeit wieder auf: das Verzieren von feiner Wäsche mit Stickereien. Deshalb ist eine ganze Reihe von Textilien auf dem Markt, die speziell zum Besticken gedacht sind. Diese subtil abgetönten Bordüren und Motive wurden auf Handtücher mit Aida-Einsätzen gestickt, sie lassen sich aber selbstverständlich auf vielfältige Weise auf anderen Textilien Ihrer Wahl anbringen.

Das gewisse Etwas

Material

Für jedes Handtuch:

Sticktwist in den in der Tabelle angeführten Farben
Sticknadel Nr. 26
Handtücher mit Aida-Streifen

Wenn Sie alle Motive sticken wollen, um ein Set von vier Handtüchern zu erhalten, benötigen Sie nur einen Strang von jeder Farbe.

Sticken

Wichtig ist, daß Sie die Musterwiederholungen gleichmäßig auf dem Handtuch plazieren und gleich viel Platz über und unter der Stickerei frei lassen. Die Mitte des Stickstreifens in der Senkrechten durch Falten des Handtuchs bestimmen und mit Heftstichlinien kennzeichnen. Ebenso die Mitte des Stickstreifens in der Waagerechten durch Heftstiche markieren.
Wenn Sie das Muster auf dem Stickstreifen zentriert haben, in beide Richtungen nach außen arbeiten. Für Kreuzstiche zwei Fäden Sticktwist in der Nadel verwenden, einen Faden für die Rückstich-Details. Alle Deckstiche müssen in der gleichen Richtung verlaufen. Nach Ausführen der Stickerei die Heftfäden entfernen.

Rosenmotiv ▶		DMC	ANCHOR	MADEIRA
S	Sehr helles Graugrün	524	858	1511
O	Helles Muschelrosa	3713	48	0502
P	Mittleres Lachsrosa	761	8	0404
•	Sehr blasses Rosa	819	271	0501
M	Blasse Antikmalve	3042	870	0806
Y	Mittelgelb	744	301	0112
	Mittleres Graugrün*	522	860	1513

Rückstiche: Stiele in mittlerem Graugrün* (nur für Rückstiche)

Kletterrose ▶		DMC	ANCHOR	MADEIRA
S	Sehr helles Graugrün	524	858	1511
O	Helles Muschelrosa	3713	48	0502
P	Mittleres Lachsrosa	761	8	0404
	Mittleres Graugrün*	522	859	1513

Rückstiche: dekorative Linien in sehr hellem Graugrün und Stiele in mittlerem Graugrün* (nur für Rückstiche)

Spitze und Bouquets ▶		DMC	ANCHOR	MADEIRA
S	Sehr helles Graugrün	524	858	1511
O	Helles Muschelrosa	3713	48	0502
P	Mittleres Lachsrosa	761	8	0404
•	Sehr blasses Rosa	819	271	0501
X	Mittleres Graugrün	522	860	1513
L	Blasses Silbergrau	762	397	1804
M	Blasses Antikmauve	3042	870	0806
	Dunkles Antikmauve*	3041	870	0806

Rückstiche: Schleifen in dunklem Antikmauve* (nur für Rückstiche)

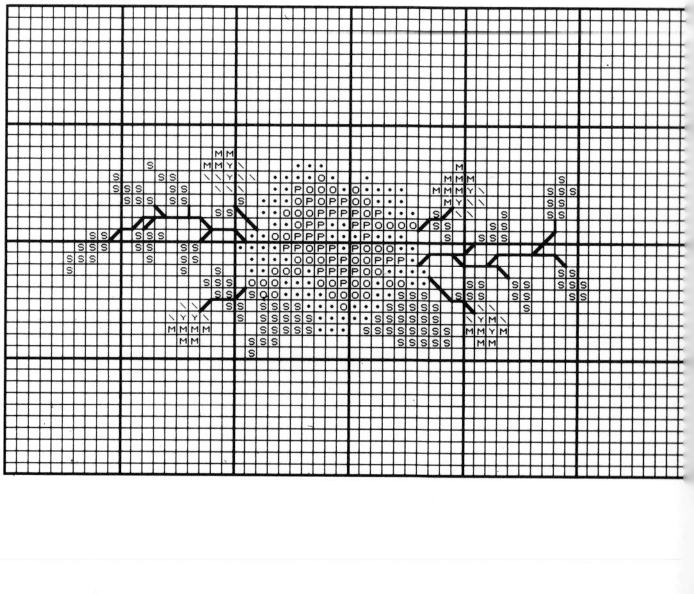

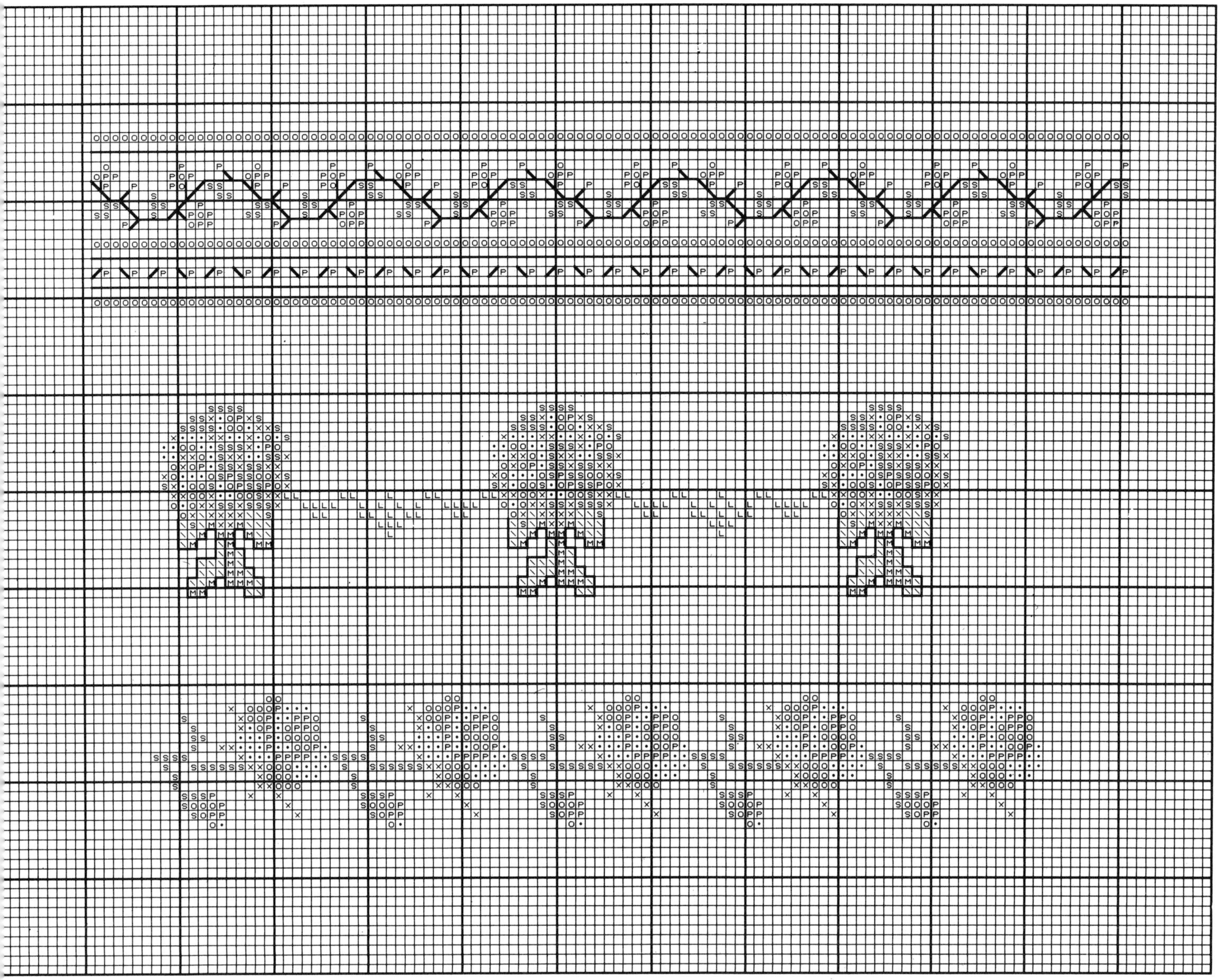

Sommerrosen ▲		DMC	ANCHOR	MADEIRA
S	Sehr helles Graugrün	524	858	1511
O	Helles Muschelrosa	3713	48	0502
P	Mittleres Lachsrosa	761	8	0404
•	Sehr blasses Rosa	819	271	0501
X	Mittleres Graugrün	522	860	1513

Bären von Anno dazumal

Für Teddybären zeigt die Popularitätskurve anscheinend nie nach unten – weder in ihrer angestammten Gestalt noch als Stickmotiv. Und das mit Recht. Unser bezauberndes Trio ist in gedämpften Farbtönen gestickt, um ihm dieses heißgeliebte abgewetzte Aussehen zu verleihen, das Bären nun einmal haben. Ein hervorragendes Geschenk, das Sie am Ende vielleicht selber behalten wollen!

Bären von Anno dazumal

Material

Für jeden Bären:

10 x 10 cm antikweißer Fein-Aida-Stoff (ca. 70 Fäden/10 cm)
Sticktwist in den in der Tabelle angeführten Farben
Sticknadel Nr. 26

Flickenbär:

Schmuckdose aus mattiertem Glas, 6,5 cm Durchmesser (siehe Bezugsquellen)

Gartenbär:

Ovale Porzellandose, elfenbeinfarben
7 x 5 cm (siehe Bezugsquellen)

Bär mit Herz:

Cremefarbene Karte, 8,5 x 6 cm (siehe Bezugsquellen)

Sticken

Den Stoff für den jeweiligen Bären vorbereiten, die Mitte mit waagerechten und senkrechten Heftstichlinien markieren (siehe Seite 4). Wenn Sie alle drei Motive sticken, nehmen Sie dazu am besten ein großes Stück Stoff, unterteilen es mit Heftstichlinien in drei Flächen und markieren jeweils die Mitte wie angegeben.
Für alle drei Motive wird ein Faden Sticktwist in der Nadel verwendet. Alle Kreuzstiche zuerst ausführen, wobei die Deckstiche alle in derselben Richtung verlaufen, und dann die Rückstich-Details sticken.
Falls nötig, fertige Stickerei waschen und vorsichtig von links dämpfen. Heftfäden noch nicht entfernen.

Fertigstellen

Zur Fertigstellung von Schmuckdose und ovaler Porzellandose den Anleitungen des Herstellers folgen. In beiden Fällen die mitgelieferte Schablone verwenden, um den Umriß auf dem Stoff anzuzeichnen, wobei die Heftstichlinien Ihnen helfen, das Motiv zu zentrieren. Stoff zurechtschneiden und Heftfäden entfernen. Stickerei in den Deckel einsetzen wie angegeben.
Für die Karte die Stickerei so zuschneiden, daß sie rundum ca. 12 mm über das Fenster übersteht. Dabei mit Hilfe der Heftstichlinien das Motiv zentrieren. Heftfäden entfernen, Stickerei hinter das Fenster setzen und Karte verschließen.

Flickenbär ▶		DMC	ANCHOR	MADEIRA
■	Sehr dunkles Braun	3031	905	2003
●	Mittleres Hellbraun	435	369	2010
T	Helles Hellbraun	347	943	1910
I	Goldenes Hellbraun, blaß	738	361	2013
•	Goldenes Hellbraun, sehr blaß	739	366	2014
P	Mittleres Lachsrosa	761	8	0404
U	Helles Muschelrosa	3713	48	0502
M	Mittleres Zartlila	544	97	0711
B	Mittleres Antikblau	932	920	1710

Rückstiche: Körper und Gesichtszüge in sehr dunklem Braun

Gartenbär ▶		DMC	ANCHOR	MADEIRA
	Sehr dunkles Braun*	3031	905	2003
P	Mittleres Lachsrosa	761	8	0404
U	Helles Muschelrosa	3713	48	0502
B	Mittleres Antikblau	932	920	1710
▲	Dunkles Goldbraun	610	889	2119
X	Helles Goldbraun	612	832	2108
O	Sehr helles Goldbraun	613	831	2109
–	Blaßcreme	712	926	2101
/	Sehr blasses Graugrün	524	858	1511
N	Mittleres Graugrün	522	860	1513
C	Mittelblau	3752	343	1710

Rückstiche: Körper und Gesichtszüge in sehr dunklem Braun* (nur für Rückstiche) und die Blumenstiele in mittlerem Graugrün

Bär mit Herz ▶		DMC	ANCHOR	MADEIRA
	Sehr dunkles Braun*	3031	905	2003
P	Mittleres Lachsrosa	761	8	0404
U	Helles Muschelrosa	3713	48	0502
B	Mittleres Antikblau	932	920	1710
\	Blasses Silbergrau	762	397	1804
◢	Dunkles Beigebraun	839	380	1913
R	Mittleres Beigebraun	840	354	1912
S	Helles Beigebraun	841	378	1911
V	Sehr helles Beigebraun	842	376	1910

Rückstiche: Körper und Gesichtszüge in sehr dunklem Braun* (nur für Rückstiche)

Danksagung

Wieder einmal möchte ich Terry für seine Liebe und Ermutigung danken. Dank geht auch an die vielen Freunde und Stickerinnen für die wertvollen Anstöße und die Unterstützung bei meinem Werdegang als Designerin. Ein Wort des Danks an Heather, meine Lektorin, und alle, die an diesem Buch mitgearbeitet haben, an Mike Grey von Framecraft Miniatures dafür, daß er Produkte für viele Entwürfe zur Verfügung gestellt hat, und an das Team bei Outlines Picture Framers, 22 the Pavement, Clapham, London, für die freundliche und rasche Rahmung der Bilder „Grüße vom Land" und „Traditionelle Bordüren".

Bezugsquellen

Zählstoffe, Nadeln und Garne erhalten Sie in allen Handarbeitsfachgeschäften. Die Hersteller nennen Ihnen gerne Händler in Ihrer Nähe, wenn Sie Ihrer Anfrage einen frankierten Rückumschlag beilegen.

DMC-Garn:
Bremer Tapisserie Werkstätten
Heinz Siebert GmbH & Co. KG
Stader Landstraße 41
28719 Bremen

Anchor-Garn:
Coats Mez GmbH
Kaiserstraße 1
79341 Kenzingen

Zählstoffe:
Zweigart & Sawitzki
Postfach 120
71043 Sindelfingen

Briefbeschwerer, Grußkarten etc.:
Framecraft Deutschland
Hannelore Kopp
Bayerischer Platz 7
10779 Berlin